武汉商学院校史

HISTORY OF WUHAN BUSINESS UNIVERSITY

1963－2023

武汉商学院校史馆 编

武汉出版社

（鄂）新登字 08 号
图书在版编目（CIP）数据

武汉商学院校史：1963–2023 / 武汉商学院校史馆
编 . -- 武汉：武汉出版社，2024.5
ISBN 978-7-5582-6769-7

Ⅰ．①武… Ⅱ．①武… Ⅲ．①武汉商学院－校史－
1963–2023 Ⅳ．① G649.286.33

中国国家版本馆 CIP 数据核字（2024）第 092269 号

出　　品：湖北日报传媒集团楚天书局
编　　著：武汉商学院校史馆
策划编辑：方　静
责任编辑：赵　可
装帧设计：舒　巍　吴婧仪
出　　版：武汉出版社
社　　址：武汉市江岸区兴业路 136 号　　邮　编：430014
电　　话：（027）85606403　85600625
http：//www.whcbs.com　E-mail：zbs@whcbs.com
印　　刷：武汉新鸿业印务有限公司
开　　本：787mm × 1092mm　1/16
印　　张：13.5　　　字　数：230 千字
版　　次：2024 年 4 月第 1 版　2024 年 4 月第 1 次印刷
定　　价：68.00 元

本书编委会

名誉主编　刘志辉　彭　瑜

名誉副主编　孙步月　梅德高　刘　萌　刘佳霓

主　　编　郎贤梅

编　　委　易先勇　张永潮　郭英策　张思渊
范　勇　熊健琪

– 校训 –

商道惟诚　知行致远

– 办学理念 –

明德笃学　求实致用

– 大学精神 –

创新开放　自强不息

学校历史沿革 SINCE1963

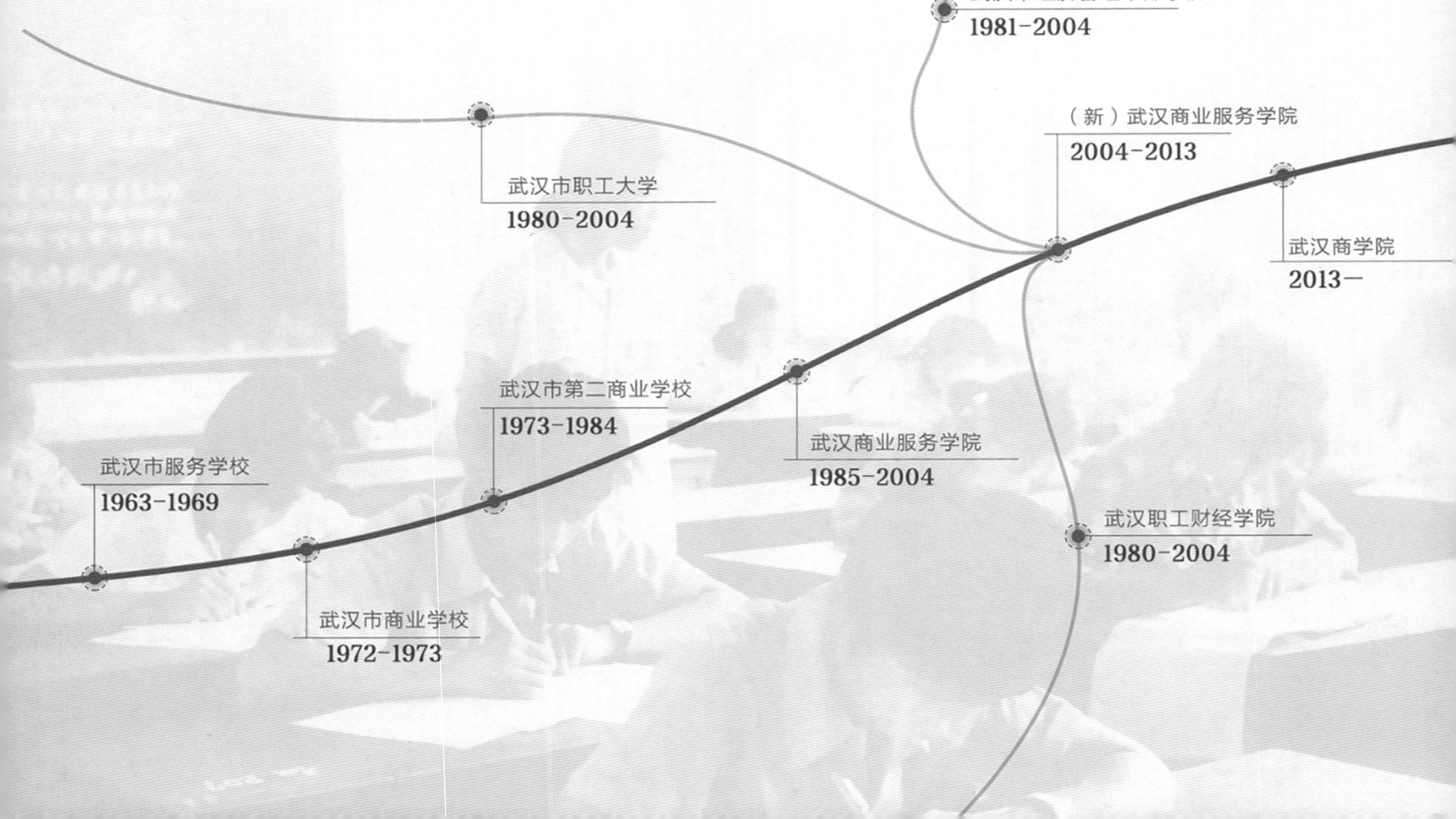

前言

Preface

沧海桑田，六十载薪火相传育桃李；应势而为，应用技术型办学理念代代相传。2023 年，武汉商学院建校 60 周年，2024 年，是武汉商业服务学院、武汉市经济管理干部学院、武汉职工财经学院和武汉市职工大学四校合并组建 20 周年。值此庆祝之际，谨以此书献给曾经在武汉商学院各个历史时期工作和学习的广大同仁和校友，关心和支持学校建设与发展的社会各界人士。

武汉商学院的前身是武汉市服务学校。1962 年，我国国民经济处于恢复和发展时期，中央提出号召“学会做生意”。在此特殊时代背景下，1963 年，全国商业队伍工作会议召开，定下建立商业技术学校的任务，同年经武汉市人民政府批准成立，武汉市服务学校应时而生。因行业办学经费有限，建校初期学校借用位于东西湖余氏墩慈惠农厂旁边的酱品厂正式办学。武汉市服务学校的成立，标志着武汉有了历史上第一个专门培养商业服务类技术人才的学校，其办学实现了商业技术人才从师徒制的非正规教育向学校正规教育转变的培养模式。受“文革”影响，从 1966 年下半年开始，学校教学秩序完全停止，到 1970 年春，学校被迫停办。1971 年下半年，武汉市人民政府决定开办和恢复一批中等专业学校和技工学校，武汉市商业学校和武汉市服务学校合并，以武汉市商业学校为校名重建。学校重建初期，没有固定的校址，暂借汉口新华下路马场角武汉市药材公司尚未建设完工的药材加工厂为学校本部，汉阳区洲尾正街原市供销学校作为分部。1973 年初，武汉市商业体制调整，原武汉市商业局划分为第一商业局和第二商业局，武汉市商业学校也被分为第一商业学校和第二商业学校。1974 年，武汉市第二商业学校迁至汉阳区墨水湖校址。1981 年，经报请湖北省教育委员会同意，武汉市第二商业学校中专学历教育重新得以恢复。1985 年，经武汉市政府批准，原国家教育委员会备案，以武汉市第二商业学校为基础组建武汉商业服务学院。2001 年，学院整体搬迁至武汉经济技术开发区新校址。2004 年，湖北省人民政府批准将武汉市经济管理干部学院、武汉职工财经学院和武汉市职工大学并入武汉商业服务学院，组建新的武汉商业服务学院。2013

年4月，教育部批准在武汉商业服务学院基础上建立本科层次武汉商学院。武汉这个自古以来的商业重镇有了独立设置的商学院，武汉商学院成为优化湖北及武汉地区高等教育结构，助力地方经济社会发展的城市商科大学。2023年4月，学校召开硕士学位授予单位和授权点建设工作启动大会，全面推进学校硕士学位授予单位和授权点建设。

六十年来，武汉商学院虽然几经变迁，但应用技术型特色办学思路一脉相承，始终紧跟时代大潮，与地区经济社会发展同频共振。从武汉市服务学校时期的最早施行"半工半读"高等教育制度，到武汉商业学校时期的"边教学边实习"，到武汉商业服务学院全国"先行先试"双证书制，到武汉商业服务学院成为湖北省示范性高等职业技术学院，到武汉商学院成为湖北省首批地方普通本科高校向应用型转型发展试点高校，学校由中等职业技术教育迈入高等职业技术教育，又转向应用型高等教育，历经了办学特色不断形成和发展的历程。特别是"升本"以后，学校面貌发生翻天覆地的变化，办学规模逐步扩大，人才培养质量不断提高，办学特色日益鲜明。

第一，办学思想不断明晰。学校坚持社会主义办学方向，落实立德树人根本任务，坚定地方性、应用型的办学定位，秉承"商道惟诚，知行致远"的校训，践行"明德笃学，求实致用"的办学理念，围绕全面建设"特色鲜明、行业知名"的一流应用型商科城市大学目标，坚持"转型提升、内涵发展、商科特色、开放办学"的发展战略，以建设高水平应用型大学为主线，以现代服务业为方向，以专业与课程建设为核心，以"产教融合、协同育人"为主要路径，努力为区域经济社会发展培养高素质应用型人才。

第二，办学条件不断改善。学校坐落于武汉经济技术开发区后官湖畔，基本建成环境优美、设施完备、功能齐全、装备先进的现代化校园，现校园占地面积88.05万平方米，校舍建筑面积34.81万平方米。教学科研仪器设备总值18327.35万元。拥有馆藏纸质图书164万册、电子图书65万册。已获武汉市人民政府批准，正规划建设占地面积18.66万平方米、建筑面积11.18万平方米的马影河校区。

第三，师资队伍不断充实。基本形成"教授引领、配比合理、专兼结合、双师发展、充满活力"的教师队伍，现有教职工总数1104人，享受国务院政府特殊津贴专家3人、省市政府专项津贴18人，教育部高等学校教学指导委员会委员1人，中国注册烹饪大师11人，湖北名师（湖北省名师工作室）1个，湖北省职工（劳模）创新工作室 1 个。

第四，人才培养不断优化。学校聚焦应用型人才培养，设有 14 个学院，开设有 40 个本科专业和 2 个专业方向，覆盖管理学、经济学、工学、教育学、文学、艺术学、理学、农学等学科门类。拥有国家一流本科专业建设点 3 个、省一流本科专业建设点 7 个、省级综合改革试点专业 3 个、省战略性新兴（支柱）产业人才培养计划专业 4 个。获批国家级一流课程 3 门、省级一流课程 24 门。深化教育教学改革，承担教育部新工科建设项目 1 项、省试点学院改革项目 1 项、"荆楚卓越人才"协同育人计划项目 3 个，拥有省级实习实训基地 2 个、省级重点实验教学示范中心 1 个，获批教育部产学育人项目 53 项。学校招生就业"进出两旺"，本科生源质量稳步提升，近年来毕业生就业率稳定在 92% 以上。近三年，学生在各类学科竞赛中共获得国家级和省级奖 1442 项。

第五，科研创新不断突破。学校是武汉市商业经济学会会长单位，现有 36 个科研机构（平台），建有省级优秀中青年科技创新团队 6 个。获批国家社科基金项目 1 项、国家自科基金项目 4 项、全国教科规划项目教育部重点项目及人文社科项目 12 项、省委重大调研课题基金项目 10 项。获授权专利、计算机软件著作权 400 余项。主动对接政府行业企业需求，承接横向项目 230 余项，主持制定《中国马术"十四五"发展规划》《湖北一日游服务规范》《冷链物流城市共同配送之托盘使用标准》等多项发展规划和标准。获市级以上科研奖 80 余项。

第六，开放办学不断深化。学校与 60 余所海外高校或机构建立了友好合作关系，与德国埃森经济管理应用科技大学和北黑森应用技术大学合作举办了 3 个中外合作办学项目。与 290 余家国内企业、高校、科研机构合作。近四年，学校共资助服务 148 名教师赴国（境）外进行学术交流、国际会议或研修项目，235 名本科学生赴国（境）外学习深造，共有 104 名境外师生来校交流；疫情期间创新工作方式，以线上形式继续举办中外人文交流项目、海外名校国际交流学习项目和国际会议，活动覆盖全校各学院师生。

第七，社会影响不断增强。学校成功承办了第七届世界军人运动会马术和现代五项比赛、2019 年现代五项亚洲锦标赛暨 2020 东京奥运会亚洲 / 大洋洲资格赛等国际赛事。连续十五年为中国南极科考提供后勤服务，被人力资源和社会保障部、国家海洋局评为"中国极地考察先进集体"。学校先后获得"中国青年志愿者优秀组织奖""全国大中专学生志愿者暑期三下乡社会实践活动优秀单位”“湖北省文明单位”“湖北省平安校园”“湖北省民族团结进步先进集体”等荣誉称号。

六十年的奋斗历程为我们积累了丰富的办学经验，这是一笔宝贵的精神财富，值得我们每一位后来人好好学习研究，进一步发扬光大。志不求易者成，事不避难者进。武汉商学院“升本”以来，在建设地方一流应用型本科高校道路上开拓探索、奋勇前进，实现了重大跨越。这些成绩的取得，离不开省委、省政府，市委、市政府的正确领导，凝结着历届学校领导班子的集体智慧，是全校各级党组织、全体共产党员和师生员工共同努力的结果，也包含着离退休老同志、广大校友和社会各界的关心和支持。回顾学校发展的工作历程，我们进一步深化了对学校发展规律的认识，形成了七个基本共识：

一是必须坚持和加强中国共产党对学校的全面领导。坚持和完善党委领导下的校长负责制，认真贯彻执行民主集中制，不断提高班子的凝聚力和战斗力，充分发挥各级党组织战斗堡垒和广大党员先锋模范作用，保证正确办学方向，使学校成为坚持党的领导的坚强阵地。

二是必须全面落实立德树人的根本任务。全面贯彻党的教育方针，把思想政治工作确立为学校各项工作的生命线，培养一代又一代拥护中国共产党领导、能够服务改革开放和社会主义现代化建设、与民族复兴同向同行、立志为巩固和发展中国特色社会主义事业奋斗终身的有用人才。

三是必须坚定不移走内涵式发展道路。通过战略、结构、制度、资源配置方式的调整，提高人才培养质量，提升科学研究水平、社会服务能力和学术创新能力，增强办学核心竞争力。

四是必须始终坚持特色发展。打造商科特色专业，在保持酒店管理、烹饪与营养教育等传统特色专业优势的同时，逐步形成对接生产性服务业的经管商贸专业群、对接生活性服务业的旅游与食品专业群、对接公益性服务业的休闲体育专业群、对接基础性服务业的人工智能专业群四大应用型特色专业集群。

五是必须始终坚持改革创新。从学校实际出发，坚持解放思想、实事求是，以改革创新为动力，持续释放学校发展活力，不断提高现代大学治理能力，有力推动学校高质量发展。以“钉钉子”精神抓好各项改革任务的有效落实。

六是必须坚持以人为本。充分尊重师生主体地位，坚持将学校事业发展与师生个人发展有机融合，努力为师生办实事、办好事、谋福利，充分发挥广大师生员工的积极性、主动性和创造性，真正做到发展为了师生、发展依靠师生、发展成果由师生共创共享，为学校事业持续发展凝聚共识、汇聚力量。

七是必须主动服务区域经济社会发展。以应用型本科大学的价值取向引导学校发展，坚持以社会需求为导向，加强与地方区域经济发展的融合，积极建设区域和地方经济发展亟需的学科专业，为区域产业发展培养高素质应用型人才，在积极履行使命中实现学校更好发展。

2021 年学校成功召开第一次党代会，总结了“升本”以来学校发展的成绩和经验，分析了当前面临的机遇和挑战，确立了学校发展进入新阶段后的目标任务和发展战略，对全面开创一流应用型商科城市大学建设新局面进行了具体部署，对纵深推进全面从严治党提出了明确要求。党代会报告明确提出学校发展的中长期目标任务，建成“特色鲜明、行业知名”的一流应用型商科城市大学。为实现这个目标，学校将实施强本、申硕、更名“三步走”战略安排。

凡是过去，皆是序章。“潮起海天阔，风好正扬帆。”让我们紧密团结在以习近平同志为核心的党中央周围，胸怀新时代武商院的美好发展蓝图，在新征程上踔厉奋发、笃行不怠，凝聚奋斗力量，书写新的华章，加快建设“特色鲜明、行业知名”的一流应用型商科城市大学，奋力谱写学校教育事业高质量发展的新篇章，努力为区域经济社会发展建设做出新的更大的贡献！

（数据截至 2024 年 3 月）

目录

Contents

第二编　栉风沐雨　砥砺前行
武汉高等商业人才培养的起步

第四章　武汉商业服务学院（1985—2004）

第三编　多源汇流　合力奋进
武汉高等商业人才培养的发展

第五章　武汉商业服务学院（2005—2012）

第一编

艰苦奋斗　肇基初立

新中国武汉商业服务人才培养的开端与发展

第一章　武汉市服务学校

（1963—1969）

第一节　武汉历史上第一个服务学校的建立

武汉商学院的历史源头，是1963年在武汉市东西湖区余氏墩创办的武汉市服务学校。这个时期，在新中国的历史上具有不平凡的意义。1960年冬，党中央为纠正1958年以来在“左”的思想影响下泛滥起来的高指标、瞎指挥和浮夸风，决定对国民经济实行“调整、巩固、充实、提高”八字方针。1963年，国家形势有了很大好转，迎来了结束三年困难时期后的第一个丰收年景，许多地方出现了农、林、牧、副、渔全面发展的可喜景象。毛泽东同志亲自抓商业，号召“学会做生意”，原来调整收缩的一些商业网点重新铺开，市场开始繁荣，商业重新兴旺。然而，商业队伍人才匮乏的矛盾日趋严重。

1963年4月，商业部召开了商业工作会议，研究了商业队伍建设问题。商业部部长姚依林在会上指出：培养商业人才的教育工作有两个方面，一是学校教育，一是业余教育。学校教育又可分为干部学校教育和技术学校教育。技术学校也可分为两类：一类是训练财会、计统、物价类人才为主，另一类是培养商品专业人才为主。中央宣传部副部长张子意也在会上讲了话。他在提到商业干部的来源问题时说：“从长远打算，要从学校来；中级技术人才，主要是接收初中毕业生。周恩来总理也有指示，国民教育要调整一下……中学要有两类：一类是技术学校，一类是提高基础知识的学校……商业部门要办中等专业学校。”

这次会议肯定了商业系统的商业技术学校是商业中级技术人才的主要来源地。过去已经建立的商业学校由此先后扩大了办学规模。在这种历史背景下，武汉市人民委员会（63）计字第402号文件批准成立武汉市服务学校，同年10月18日，学校正式开学。

1964年，来校检查的教育部六省检查小组

武汉市服务学校的建立，结束了武汉饮食服务行业没有全日制职业技术学校的历史，表明武汉饮食服务行业已经开始告别世代沿袭的“以师带徒”、单纯培养“劳动者”的旧时代，而步入理论与实践相结合、培养新型人才的新天地。饮食服务行业属劳动密集型行业，在漫长的历史岁月里，由于世俗的偏见，行业的许多宝贵技艺，远没有被提升到华夏文化遗产的高度，予以挖掘、整理、弘扬光大。饮食服务业的人才培育，全部采取师徒授受的“口口传”方式，徒弟边做工，边学艺，技术的提高全靠平时的耳濡目染、自我领会，只知其然，不知其所以然。不少从业人员的技艺，处于一种自生自灭的自然调节状态之中。这种现状不改变，饮食服务技术水平的提高必然受到严重阻碍。

照相教研室专题研讨

创办新型饮食服务学校，除了是饮食行业自身发展、完善的需要，也是社会发展使然。据《武汉市志·商业志》载，新中国成立之初，1952年，全市饮食网点为3014个，到1963年，饮食网点已达5545个，增加了2531个，从业人员增加更多。如此迅猛增长的饮食网点和从业人员队伍，倘若仍采取零碎分散、成才周期偏长的“以师带徒”的传统方式培养显然难以满足社会需要，跟不上时代前进的步伐。

为改变饮食服务行业人才培养旧模式，武汉的一些有识之士很早就作过探索。据史料记载，武汉最早尝试饮食服务行业人员技术培训的年份是1933年，当时出现了一个“汉口市理发业工人学校”，属业余教学性质；第二次是新中国成立后各城区饮食服务行业管理机构，分别举办过烹饪等工种在职职工技术短训班，但教学方式大多限于名师现场示范，校址、师资都不固定，也没有完整的教材，离正规全日制职业技术学校的要求相差甚远；20世纪50年代末期，原武汉财贸学院附设技校，曾经开办烹饪、理发等饮食服务专业，招收了一批社会上的高小、初中毕业生，开学后进行过一些政治课和文化基础课的教学，但刚开始专业基础课与专业课的教学时，学校因贯彻“调整、整顿、巩固、提高”的方针而“暂停办”，学生提前分配了工作。武汉市服务学校的建立，开创了武汉饮食服务行业全日制职业技术教育之先河，武汉饮食服务行业职业教育才有了真正的源头。

第二节　艰苦创业——酱品厂里办学校

中华人民共和国成立以后，国家集中资金用于大规模经济建设，对饮食服务行业实行“以业养业”的方针，国家财政投入不大，饮食服务行业的建设与发展资金，主要靠行业自身积累。但饮食价格与服务收费长期执行“保本微利”的政策，行业积累有限。在这种情况下，饮食服务行业所办的学校，从经费开支、校舍建设到教学设备的购置等，都有较大的困难，必须艰苦奋斗，勤俭办学。

服务学校经费开支，根据武汉市人民委员会（63）计字第402号文件规定执行，拨开办费3万元，每年，除拨经费5万元外，教职工工资5万余元，学生助学金近6万元，实验实习费1.5万余元（每月按理发专业生人均1元，照相专业生人均8元，烹饪专业生人均2元标准计算），以及房屋维修费等，另列专项开支。

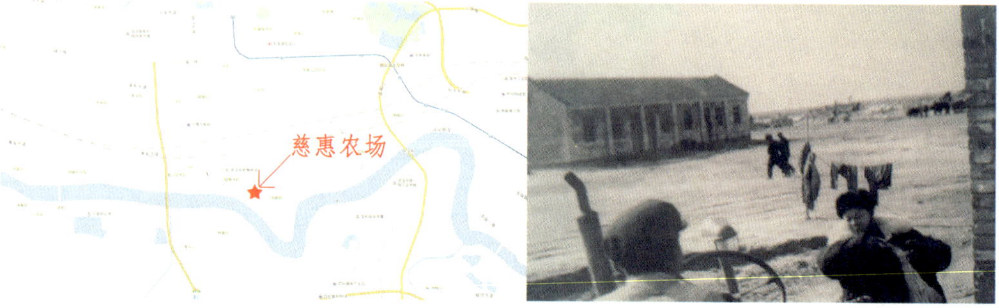

余氏墩校址示意图

服务学校最初位于东西湖余氏墩校址，在市蔬菜公司刚刚拆迁的酱品厂里办校，没有围墙，没有自来水，到处堆放着破烂的酱品缸，仅有两间陈旧的仓库，厕所也是茅草坑式的。师生们边上课，边建校，很快就修建了院墙，改建了厕所，盖了两间平房，用纸板在原仓库和平房内隔出7间教室、4间实习室，以及寝室、办公室、医务室、图书室等，还建了两个篮球场、一条200米跑道的简易田径场。当时房屋的隔音效果很差，隔壁房间说话的声音都能清晰听到。一个寝室住着 20 余名学生，上下铺，很拥挤。实习室的教学设施也相当简陋，烹饪实习室只有砧板、菜刀等简单的工具，案板是用砖头砌成的，红案实习课只能实习刀功，没有条件做菜肴；白案实习课常用观音土当面粉，练习揉、捏、擀、包等基本功。理发实习室只有吹风、推剪、镜子、藤制座椅等，由于顾客稀少，学生的实习操作只能在木制模型上进行。照相实习室有照相机、全镜头座机、放大机等，设备也很一般。从学校到市区设有公共汽车站的易家墩，步行需一个多小时，师生们每周一由学校派卡车从易家墩接到校内，每周六再送回。

师生合力用石碾整饬场地

建校劳动中的女生

尽管条件如此艰苦，但广大师生情绪较稳定，以苦为乐，以苦为荣，学生安心学习，教师勤于钻研，为武汉饮食服务业全日制职业技术教育的起步洒下辛勤的汗水。

为了改善学校的办学条件，1965 年底，市二商业局投资，在汉口航空路原市蔬菜公司第二综合加工厂兴建了 2400 平方米的四层楼新校舍，校舍于 1968 年底交付使用。

第三节　武汉商业服务人才培养的先河

一、专业设置

建校时，学校开设了烹饪、照相、理发 3 个专业，4 个班（烹饪专业 2 个班），学生 151 名。1964 年，开设烹饪、财会 2 个专业，每个专业各开办 2 个班，学生总人数 208 名。开学后不久，又从烹饪专业划出 1 个班，改为开设糕点专业。1965 年，开设烹饪、财会、制冷 3 个专业，每个专业各开 2 个班，学生人数 228 名。至此，全校开设专业达 6 个，共有教学班 14 个，学生达到 587 人，已粗具规模。可惜的是，“文革”开始了，从 1966 年起，学校招生工作就停止了。

晚自习时，学生在教室集体学习

1966年财会班学生在北京学习时留影

烹饪班学生在学习做面点

上述6个专业，理发专业招收高小毕业生，学制一年半。烹饪、糕点、照相、财会、制冷5个专业，均为中专学历教育层次，招收初中毕业生，学制3年。

1963年—1965年武汉市服务学校学生情况一览表

1963年		1964年		1965年	
班别	人数	班别	人数	班别	人数
烹饪一班	28	烹饪班	29	烹饪一班	30
烹饪二班	28	糕点班	29	烹饪二班	30
照相班	48	财会一班	75	财会一班	50
理发班	47	财会二班	75	财会二班	50
				制冷一班	34
				制冷二班	34

二、培养目标

1963 年 8 月，副校长高文彬等同志，前往北京市服务学校学习考察。返汉后经过讨论、酝酿，提出了《武汉市服务学校教学计划》，确定了学校培养目标，即培养具有无产阶级革命立场和政治观点、共产主义伟大理想，热爱劳动，不畏艰苦，立志于商业战线基层工作，具有健康的体魄，懂得一定的民兵军事知识技能，相当于高（初）中文化程度，掌握一定的专业理论知识和实际操作技能，既能从事脑力劳动，又能从事体力劳动的中级技术人员。

师生前往武钢参加学习

学生参军入伍

三、课程设置

武汉市服务学校创办初期，在教学上没有可借鉴的经验，尤其是在传统教学模式下，学校大胆进行了教学创新，积极探索新型的职业技术教育之路，在教学上强调实用性，设置四大类课程：

第一类，政治课：包括《形势教育》《政治经济学常识》；

第二类，普通课：语文、军体；

第三类，专业基础理论课；

第四类，专业技术操作课。

课时分配：课堂理论教学占百分之三十到百分之四十，实习教学占百分之六十到百分之七十。

四、行业名师上讲台

武汉市服务学校的师资，学历层次和政治素质相对来说比较高。32 名教师，具有大学文化程度的有 20 名，占教师总数的 62.5%；有 8 名党员，占教师总数的 25%。普通课和专业基础理论课教师，大多毕业于大专院校；专业技术课教师，主要是从行业选调技术高超的名师和具有丰富实践经验的业务骨干。他们的学历虽然不高，但有一定的文化基础，且具有很高的行业威望。如烹饪教师杨树臣，曾多次为邓子恢等中央领导同志服务，切配技术在全市首屈一指；烹饪白案教师谭俊卿，擅长面塑造型，是行业公认的“白案天牌”（行业技术顶尖人物的昵称）；理发教师乔国文，是武汉市首批由商业部授予“特级理发师”职称的两名理发师之一。除此之外，学校还聘请了武汉图片社陈棣华担任兼职教师，他是归国华侨，毕业于日本东京帝国大学，是特级摄影师。这么多名师破除门第观念，走上讲台将自己多年来积累的宝贵技艺贡献出来，这在当时旧的行帮的保守思想比较严重的情况下是难能可贵的。

“特级理发师”乔国文在上课

武汉图片社兼职教师陈棣华在武汉长江大桥下设课堂讲课

五、教材

学校普通课和专业基础课教材，一般通过新华书店订购。专业课教材，国家正式出版的基本没有，主要选用上海、烟台等地编写的内部使用的教科书。因各地技术传统、风格等的差异，在具体的教学中，这些教科书有相当一部分内容不太适合湖北地方实际情况，需要改进。1966 年，商业部（66）商教字第

029 号文件《关于编写商业学校教材的意见》指出，商业学校的教材“主要由各省、市、区商业厅、局组织力量编写，百花齐放，在内部试用，经过实践、总结、修改、充实提高，逐步定型公开出版”。学校先后组织人员编写了《烹饪基础知识教材编写提纲》及部分讲义，自编教材工作开始起步，影响逐步扩大，作品多次在全国、省、市获奖。

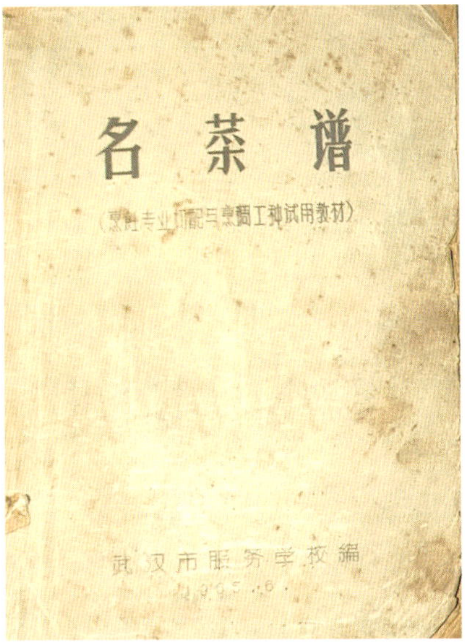

烹饪班教师自编教材

六、学生思想政治工作

学生思想教育，主要是抓阶级教育，开展“五爱”（爱祖国、爱人民、爱劳动、爱科学、爱护公共财物）活动，同时，结合学校实际，把专业思想教育放在较突出的位置。

服务学校的学生，大多数来自劳动人民的家庭，思想感情较质朴，但也有少数学生，曾失学、待业多年，沾染了社会上一些不良习气，加上社会上一部分人对饮食服务行业存在较严重的偏见和学生自己对所学专业缺乏了解，不少学生入学前从未听说过“烹饪”一词，个别人甚至误认为“烹饪”是“做豆腐”的，所以专业思想不稳定，部分学生一度思想消沉，纪律涣散，社会上的某些不良习气在校园有所反映。针对这种情况，学校从领导到教师，都把巩固学生专业思想当作教育工作者义不容辞的责任，语文教师自编了专业教育演唱节目，组织学生演出。各专业的教师，经常给同学们忆苦思甜，介绍新旧社会饮食服

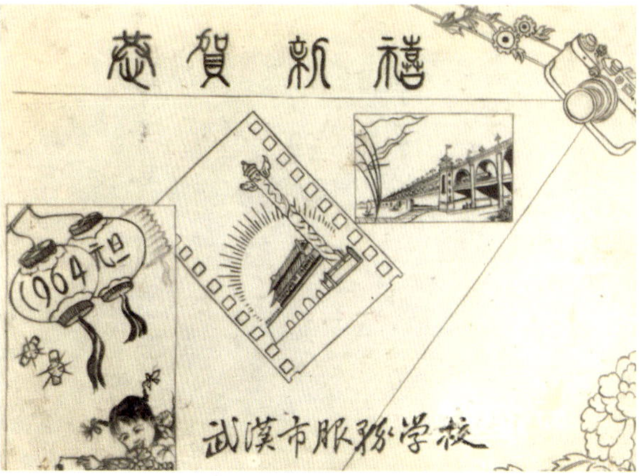

照相班学生制作的学校建校后第一张新年明信片

学生在排练节目

务业在政治、经济上翻天覆地的变化。每次学生实习，班主任、任课教师一同前往，与学生同吃、同住、同劳动，把专业思想教育做到了实习现场，建立了融洽的师生关系。学校干部、教师还身体力行，帮助学生破除旧的陈腐观念。当时社会上少数人认为女同志给男同志理发有伤风雅，理发专业女生动手实习的机会较少，名誉校长虞振华同志有一次来校检查工作，发现这个情况后主动要求女生给他理发，学生理发时不小心在他脸上割了一个小口子，鲜血都流出来了，他没有埋怨一句，笑着鼓励学生继续理下去。理发专业的学生起初羞于上街在大庭广众之下理发，50多岁的特级理发师乔国文，放下名师架子带头领着学生走街串巷，经过一系列深入细致的多方面思想教育，学生的职业自豪感大大增强，思想面貌焕然一新。值得一提的是，服务学校的学生管理十分严格，学生在校内不许抽烟，不许外出吃饭，一日三餐必须吃食堂伙食。有一次，一名学生实习时偷喝了一口餐馆的骨头汤，班主任发现后立即召开全班大会“整风”，责成这名学生作了深刻的检讨。

第四节　武汉历史上最早施行“半工半读”制度

服务学校建校初期，主要实行全日制教学，学生在校内的简易实习室实习。1964 年 8 月，国家主席刘少奇在武汉视察时，提倡“两种劳动制度、两种教育制度”。按照这个精神，经请示市二商业局党委同意，并报市委“半工半读”领导小组批准，学校烹饪、照相、理发专业实行“半工半读”教学模式。具体做法是：将每个班学生划分为甲、乙两组，一组在校内上课，另一组到厂、店参加生产劳动，两周轮换一次。1965 年秋，中央及湖北省委指示，要用革命精神，本着自力更生、勤俭办学的原则，逐步推行“半工半读”制度，因此财会、制冷、糕点三个专业，也相继转为“半工半读”制。

学生在慈惠农场帮忙摘棉花时的午餐场景

为了加强对“半工半读”尤其是“半工”的领导，1965年4月，学校制定了《校外参加生产劳动学生的暂行规定》，明确了学生校外生产实习的教育管理由学校与企业共同负责，企业党组织对“半工半读”的学生应视同本店职工严格管理，组织学生参加企业的三大革命运动，参加各种会议。企业应确定团支部书记或人事干部具体掌握学生思想及情况。学校在“半工半读”的学生中建立生产小组，每天组织学习毛主席著作，建立学生劳动日记制度。企业要经常抽查学生日记，每月学校邀请企业管理学生的负责人，座谈学生劳动情况等。实行“半工半读”制后，由于学校远离市区，交通极不便利，经请示市二商业局党委同意，学校迁入市内，校部设在武汉友好餐厅（原云鹤酒楼）三楼，各专业分散进行课堂理论教学：烹饪专业在友好餐厅西厅上课，照相专业在武汉图片社上课，理发专业在航空路理发厅国棉一厂上课，财会专业在老会宾酒楼上课。1965年下半年，学校又搬迁到汉口航空路原市蔬菜公司的一个豆芽厂旧址办公、教学。

烹饪班学生在食品厂实习，师傅手把手教授红案基本知识

“半工半读”期间，学生生产实习劳动在市蔬菜、糖业、饮食、服务司所属40多家厂、店进行。每个学生都与工厂的师傅签订了学徒合同。学校、工厂对学生学习技术的要求十分严格，如烹饪专业的操作考试，是从学生在学校、工厂所学的上百道菜肴中，任选三五道菜现场操作，老师和工厂的师傅边看边评，最后确定成绩。学生对专业实习也十分重视，走街串巷为民服务，有的学生上

街服务一次，通常要步行10公里的路程。

摄影班学生下乡为农民拍照途中

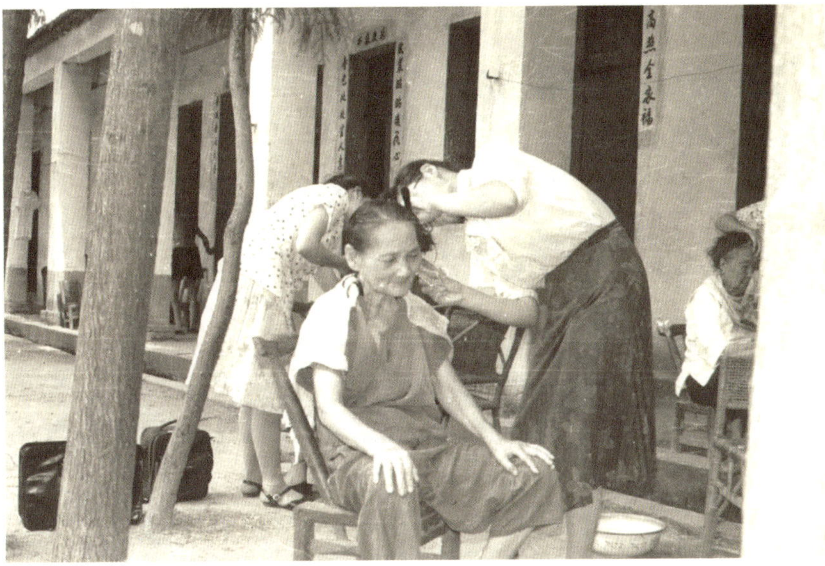

理发班学生走街串巷练技能

“半工半读”制度的实施，增强了学生的劳动观念，强化了动手能力，有助于理论联系实际，密切学校与行业的联系，但由于生产实习点过于分散，“工”“读”调换频繁，给教学组织、学生管理，以及学生开展系统的理论学习也带来一定困难。

第五节　首届毕业生硕果累累

武汉市服务学校的学生，是武汉历史上首批接受过正规全日制饮食服务专业理论与实践教育的新型人才。学校在人才培养中，坚持政治教育与专业教育相结合，教学与生产劳动相结合，从严管理，从严要求，学生整体素质是较高的。统计资料表明，学校毕业的587名毕业生，平均每10人中就有1名特级技师。如此鸾翔凤集的景象，当时在全国同类学校中是鲜见的。学校的教育实践有力地证明，大力发展饮食服务职业技术教育，的确是提高饮食服务质量、更好地满足群众需要的一条必由之路。

摄影班首届毕业班全体师生合影，照片采用当时流行的相片着色技术

以被行业的同仁称为武汉饮食服务业“黄埔一期”的1963级服务学校学生为例，烹饪专业的56名学生，曾有特一级厨师8名，特二级厨师、点心师7名，特三级厨师、点心师5名，另外还有一级厨师、二级厨师、点心师12名。其中，有5人先后担任过三楚名店“老会宾酒楼”等餐馆的经理、城区烹饪学校的校长、商业服务学院烹饪系主任等职，该专业特一级厨师陈继衡还因工作出色，受到

过时任国家主席杨尚昆的接见。

1963 级烹饪二班的汪建国，曾任武汉商业服务学院烹饪系副主任，获得“特一级厨师”称号；先后担任武汉烹饪学会副会长、市第九届人民代表大会代表，是湖北唯一先后两次被选拔参加全国烹饪技术比赛的名厨师，在 1988 年第二届全国烹饪技术比赛中获得一枚金牌、二枚铜牌，制作过《名厨精艺汪建国专辑》电视科教片，参加编写了《中华淡水鱼鲜谱》等，从 1971 年至 1993 年，他培养的徒弟中有 12 名取得了特级厨师职务。

烹饪系首届毕业生参加全国烹饪大赛，获得金奖

1963 级照相专业，有三级以上技术职务技师 25 名。武汉照相业首批获得“国家级高级技师”称号的 3 名摄影师，该专业的毕业生就占了 2 名。该专业的叶祥鼎，被评为全国首席人像摄影大师之一，被称为“红墙内的摄影师”，曾受到习近平总书记接见。

烹饪大师汪建国录制的名厨精艺

1963级理发专业毕业生黄继斌，曾为特一级美发师，担任武汉商业服务学院美发美容教研室主任、湖北省美发美容协会副会长。1988年，他作为教练带领武汉几名年轻美发师参加第二届全国“威娜杯”美发美容大奖赛，夺得团体总分第二名。

有一部分毕业生走上领导岗位，从事管理工作。有些毕业生曾经担任了武汉市人大常委会副主任、市商委饮食服务管理处处长、广东番禺市旅游局局长，湖北省机械成套设备局处长等职务。

由于历史原因，1969年武汉市服务学校停止招生办学。

第二章　武汉市商业学校

（1972—1973）

第一节　重建的背景

教职工会议现场

1971 年下半年，根据鄂发〔71〕24 号文件精神，武汉市委、市政府决定在市内开办或恢复一批中等专业学校和技工学校，其中之一为武汉市商业学校。这个学校，实际上是停办两年左右的原武汉市商业学校和原武汉市服务学校的合并。1972 年上半年，学校筹备领导小组成立，同年 4 月开始招生，5 月 22 日正式开课。新学校由于没有固定的校址，暂借用汉口新华下路马场角武汉市药材公司未完工的药材加工厂作为校本部，汉阳区洲尾正街原市供销学校作为分部。

商业学校的重建，是当时的形势所迫。“文革”时期，武汉市的商业遭到严重破坏，商业机构大精简、大合并，商业体制和管理陷入混乱，商业网点萎缩，从业人员急剧减少，市民上街购物难、制衣难、理发难、吃饭难等，成为十分突出的社会问题，商业技术人员的补充迫在眉睫。当时的商业部、省商业厅、市革委会以及武汉市计委等，对商业学校的重建十分重视和支持，市革委会副主任刘惠农、市财贸办公室主任王健、市商业局党委书记范晓宝等都曾亲自过问学校的筹建和招生进度，给予了许多具体的指示和支持。

第二节 劳动建校

武汉市商业学校借用的校本部——市药材加工厂，很大一部分是垃圾填湖造地而成，该厂基建工程尚未结束，厂区碎砖破瓦遍地、垃圾成堆、蚊蝇丛生、脏臭不堪。针对这种状况，市商业局党委作出了“因陋就简，逐步完善，迅速把学校办起来”的指示。学校边筹建、边教学，走“抗大式”的办学道路。在有关单位的支持下，凑齐了部分教学设备和学生住宿的床铺；抽调、借用了部分炊勤人员。在党支部的带领下，师生共同平整场地、清除杂物、修道筑路，将大厂房、仓库隔成教室、寝室。教学桌椅不够，就把砖头当坐凳，膝盖当课桌。他们还利用从外地购回的1500多公斤烧火用的废弃木材，自己加工成制作课桌、课椅的材料，变废为宝，节约了开支。在全校师生的共同努力下，正常的教学秩序和生活秩序很快建立起来了。

热火朝天的劳动建校场面

与此同时，学校为解决固定校址的问题四处奔波。1972 年下半年，经请示市计委同意，市商业局决定将在汉阳墨水湖路 22 号（现武汉商学院继续教育学院）刚动工兴建的武汉市商业储运公司汉阳仓库，改建为商业学校，其工程建筑面积 7695 平方米，投资 51.35 万元，经费由市商业局自筹解决。这个决定作出后，学校领导同志立即前往施工现场，映入眼帘的是一片菜畦、藕塘和荒冢，靠东的地区，还有一个小土丘。承担基建任务的市第三建筑公司，施工力量明显不足。为了加快新校建设进度，学校主动将基建的小工杂活揽了下来，刚刚完成马场角临时校址建设任务的师生，又以饱满的热情、高昂的干劲马不停蹄地投入新的建校劳动中。每周六“建校义务劳动日”，校领导、行政管理人员、教师和学生全部停止工作、学习，到汉阳参加建校劳动。每个学生班级分批停课一个月，带着蚊帐、被褥等，驻扎在工地，挥汗奋战。当时经常停电，施工工地的升降机不能运转，高层建筑所需的砖沙，往往靠人搬肩扛，劳动场面十分感人。凭着这种吃苦耐劳的精神，学校师生配合施工队，只用了一年的时间就建成了教学大楼、宿舍楼等，一所崭新的商业学校耸立在秀丽的墨水湖畔。

第三节 专业与师资

商业学校开设的专业均为技工专业，招收初中毕业生。这些专业有烹饪、照相、理发、糕点、服装裁剪和钟表修理6个。

为了满足社会对商业人才的急需，商业学校1972年招收新生1000名（后因学校一分为二，因此有200名学生分到市一商校），实有学生800名。其中，烹饪专业6个班，学生301名；理发、糕点、钟表修理专业各2个班，学生各100名；服装裁剪专业3个班，学生150名；照相专业1个班，学生49名。除理发专业学制一年半外，其余专业学制均为两年，烹饪专业的课堂教学和住宿安排在分校，其余专业则安排在本部。

实习餐厅外景

商业学校有教职工93名，其中专任教师46名，约占教职工总数的50%。这些教师主要有三个来源：一是原商业学校、服务学校的教师，如乔国文、李崇清等；二是从商业系统内调来的名师，如唐显芝、王汉臣、王义臣、陈棣华、蔡子高等；三是从市“五七”干校抽调的，如吴玉梅等。

烹饪系教师进行面点教学

烹饪系学生进行红案技术实操实训

1972 年 10 月，市商业局决定，将武汉餐厅（原云鹤酒楼）划归商业学校。这样，学校不仅有了固定的对外烹饪实习基地，还从原武汉餐厅的厨师中充实了一批重要的烹饪骨干教学力量，如朱世金、李怀林、李顺炎、张久森、胡必帜、王智元、李炎林等。

第四节　学生生产实习教学

按照“教育必须为无产阶级政治服务，必须同生产劳动相结合”的教育方针，商业学校在人才培养上实行了教育同三大革命实践相结合，学校在武汉市内 40 余家厂（店）确定了比较固定的校外实习基地。各专业学生一半在校内上课，另一半在校外实习，五六周或四个月轮换一次。学校同时采取如下具体措施加强学生生产实习教学：

工种分专。确定每个学生专攻一项主要工种，再按“一专多能”的方向细分，糕点专业分中点、西点 2 个工种，照相专业分摄影、暗房操作、整修着色 3 个工种等。

长发式　中长式　浅园式

学生当时设计的发型

烹饪技术评比

复校后招收的首批烹饪班学生

烹饪教师在讲授食材选取

推行“五固定”制度。即固定厂（店）、固定分管领导、固定工种、固定师傅、固定实习时间，以保证教学计划的实施和教学责任的落实。

实行“三个结合”。校办实习基地与校外实习基地相结合，以校外实习基地为主；集中实习与分散实习相结合，以分散实习为主；专业教师与兼职教师相结合，以兼职教师为主但以前者为先导，确保教学计划的执行。

1973 年 4 月 18 日，学校隆重召开了聘请兼职教师颁证大会，一次聘请烹饪、理发、糕点、照相等行业兼职教师 145 名，市、区教育局、商业局，各有关公司、厂（店）领导出席了大会，有关领导和兼职教师代表、学生代表都作了热情洋溢的发言，此事在商业行业产生了较大影响。在这个时期，各专业的学生全年生产实习的时间一般达到半年或七个月，这有助于理论与实践相结合，增强学生动手能力，如烹饪专业在校办实习基地武汉餐厅实习，红案班每个班学生平均每天制作三四百个菜肴；白案学生平均每天制作的面点有二百公斤左右。理发专业学生在半年的时间里，奔赴全市 6 个城区 31 家理发店，以及其他企事业单位、部队，理发上千人次等。这批学生毕业动手能力强，普遍受到行业的欢迎。但当时学生的实习在很大程度上受“左”的思想的干扰和影响。首先，是影响了学生思想，让学生把学习业务放在了次要的位置上；其次，由于到厂（店）的次数较多，时间较长，影响了基础理论课的学习和教学管理。

第三章　武汉市第二商业学校

（1973—1984）

第一节　武汉市商业学校一分为二

武汉市第二商业学校（旧址）大门

1973 年初，武汉市商业体制调整，原商业局分成第一商业局和第二商业局，经研究决定，原商业学校也分为第一商业学校和第二商业学校，分别隶属两个局领导。数月后，两校正式分开，服装裁剪、钟表修理专业划归一商校，以汉阳洲尾正街商业学校分部为校址；烹饪、照相、糕点、理发专业划入二商校，以汉阳墨水湖新建的商业学校为校址。

在一、二商校分校时，二商校的专任教师为 34 名。其中，政治课教师 4 名，文化基础课教师 6 名，专业基础课教师 6 名，专业课教师 18 名。专业设置，除烹饪、理发、照相、糕点、制冷 5 个专业基本连年招生外，根据行业需要，曾开设有蜜饯、药材、酿造、五金橡胶、电子、生资、簿记、写作和餐厅服务等专业，设有武汉副食品调料公司酿造分校和汉肉联厂分校。1981 年，中断了 10

多年的中专学历教育重新恢复。到 1984 年，全校专业达 15 个。1986 年，技工专业停止招生。

建校一周年总结汇报展览会

教师在研讨学习

市二商校建立之初，属科级单位。1981 年，升为县团级，设有政治处（后改为党委办公室）、宣传科、组干科、办公室、教务处、干训处、总务处、学生科、保卫科、财会科、图书资料室、中技部、基础课教研室、政治课教研室、烹饪教研室、商经教研室、制冷教研室等机构。

第二节　排除干扰向前行

市二商校成立之初，正处于“文革”时期，在极“左”思潮的影响下，学校的教育工作受到严重干扰和破坏。学生政治思想教育，强调政治挂帅，以阶级斗争为主课，学生的专业文化教育因批斗“智育第一”，招生采用推荐方式，不考查文化水平，只注重政治表现。教学计划的标准、要求降低，教学内容压缩简化，政治活动多，业务学习少，采取“开卷考试”测定学生成绩。尤其是受“朝农经验”的影响，学生生产实习一度变成了“开笼放雀”。师生关系也因批判“师道尊严”，实行“工农兵上管改”，变得很不正常。

对“四人帮”的倒行逆施，广大干部、群众深恶痛绝，在力所能及的情况下进行了抵制，想方设法做了不少有益的工作，其中影响较大的有“三个一”：

“一本书”——编写《烹饪学》教材

学校教师编纂的全国首部烹饪教育综合教材《烹饪学》

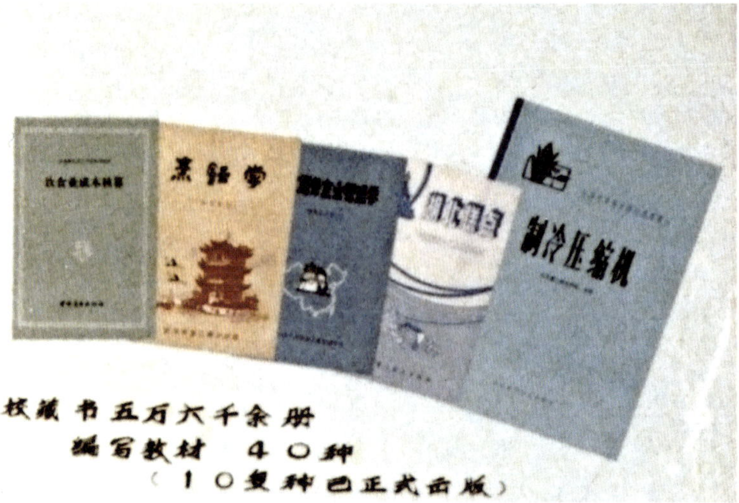

教师烹饪理论研究成果选

《烹饪学》是 20 世纪 70 年代初我国第一部科学化、系统化的烹饪教育综合教材。1974 年，国内烹饪教材只有上海出版的《烹饪技术》，此书内容较简略，主要供在职职工短期培训使用，不适合全日制教学。鉴于学校在烹饪教育研究上已经具备编写综合教材的能力，在李超白同志主持下，由向家方、邹剑峰、张永根、李甲、邵永华、唐显芝、王义臣、张久森、张国铭、王智元、杨象山、舒适存等十余名烹饪理论与工艺教师，组成《烹饪学》编写小组，采取分章编写，集中审定的办法，历时一年多，完成了全书的编写工作。这部教材计 44.7 万字，包括切配技术、烹饪技术、白案（面点）技术、饮食营养卫生四部分，搜集鄂、京、川、苏地方菜谱 122 个，具有覆盖面广、综合性强、理论与实践结合较紧、逻辑结构较严谨等特点，由学校自行出版后，先后被国内 50 多所学校和湖北省总工会等 30 多个从事在职职工培训的单位采用，连续修订、多次再版。1979 年，借鉴了这部教材的不少资料，吸收了学校部分教师参加编写了《烹饪原料知识》《烹调技术》《烹调原料加工技术》《饮食成本核算》等 6 部饮食服务技工学校试用教材，1981 年由中国商业出版社出版。

“一次会议”——召开全国部分省、市商业学校烹饪教育革命经验交流会

“文革”期间，由于受“左”的思潮影响，全国商业学校的烹饪专业处于封闭式办学状态之中，彼此间的交流甚少。这种现象，显然不适应烹饪教育发展

的要求。1974 年 8 月，副校长高文彬与李超白、向家方等人前往商业部，提出了召开全国部分省、市商业学校烹饪教育革命经验交流会的设想，受到商业部有关领导的重视。在商业部的指导和帮助下，武汉市第二商业学校、北京市服务学校、上海市饮食服务学校、天津市财贸学校、黑龙江商业学校、江苏商业学校和山东饮食服务学校等，联合发出了召开这次会议的倡议，并确定武汉市二商校为会议的东道主。

11 月，预备会议在天津召开，12 月 2 日至 12 日，正式会议在武汉德明饭店（现江汉饭店）举行。来自北京、天津、上海和吉林、黑龙江、河北、甘肃、江苏、山东、湖北等地 17 所学校的负责人、教师代表、工农兵学员代表，以及广东省饮食服务公司的代表，共计 58 名，参加了会议。商业部教育司处长蒙鼎铭、饮食服务司处长杨东启出席了会议，并对会议作了具体指导。

会上，学习了中共中央〔1974〕26 号文件，总结和交流了各校的思想政治工作和办学经验，讨论了烹饪专业教育革命中存在的若干问题；各兄弟学校烹饪工艺课教师还表演了操作技术。与会者在烹饪专业学生思想政治教育、实验饭店建设、师资队伍建设和办学形式等问题上，取得了比较一致的意见，并就各校今后互相培训师资、交换教材与教学资料等作了专题研究，达成了初步意向。会后，“文革”中一度中断的全国商业学校烹饪教育协作工作得以恢复，并延续下来。这次会议，是全国商业学校排除干扰，为开创烹饪教育新局面而进行的一次交流和协作的会议。

学生在彩排纪念中国共产党成立52周年大会节目

“一个班”——首次举办全国技术培训班

为了加强烹饪技术人才的培养，1975 年，商业部饮食服务业管理司恢复了厨师培训工作，委托江苏商业学校、兰州商业学校和武汉市二商校，分别开办全国厨师培训班。这是建校以来第一次承接全国性职工技术培训任务。参加学校培训的学员共有 30 名，来自广西、湖南和湖北，每省（区）各 10 名，均是本单位有发展前途的中青年技术骨干。培训班学制 1 年，主要的教学方法是：理论与实践相结合，实行“周二、四教学制”，即每周课堂教学两天，专业示范和操作四天；“走出去，请进来”，观摩名师技术表演；学员互教互学，发挥各自专长等，结业考试时，学员成绩优异的占 70%，良占 20%，一般占 10%，教学质量受到商业部饮食服务业管理司的肯定。从此，学校成了全国饮食服务人才的主要培训基地之一，职工短期技术培训作为一种重要的办学形式，在校内逐步得到了确立。

以上三项工作，对成立不久的武汉二商校在全国同类学校中站稳脚跟、扩大影响，具有重要作用。

全国理发、厨师培训班结业典礼

1976 年 10 月，粉碎“四人帮”后，学校的教学工作得到了恢复和整顿。从 1977 年开始，采取考试招录新生，取消了以政治表现推荐学生这种免考入学的办法，保证了学生入学的文化水平，校内的教学计划、教学大纲也做了调整，课堂教学、考试考查、实习实验等逐渐按常规进行。尤其是大胆吸收了学校历史上有益的办学经验，坚持突出了实践型教学，使人才培养质量逐步提高。

第三节　中专学历教育的恢复

1978 年 12 月，党的十一届三中全会制定了把工作重点核心转移到社会主义现代化建设上来的重大战略决策。为贯彻党的十一届三中全会精神，1979 年初开始，学校的工作重点转移到搞好商业教育为社会主义现代化商业培养合格人才上来。跟随着国家改革发展的历史列车，学校摆脱了徘徊中前进的局面，逐渐步入教育发展的“快车道”，办学实力一天天加强，恢复中专层次教育的条件日趋成熟。

课堂考试场景

学生在校园内读书

1980 年 9 月 22 日，学校向上级呈送《关于将“武汉市第二商业学校”改为中专学校的报告》，提出“学校开办专业的特点决定学校的性质，必须改为中专才能适应教学和培养人的要求”“长期以来，我校坚持集中办学，在师资的选调与培养、教材资料的编写与搜集、设备的购置与更新、校舍的规划与建设等方面均作了较大的努力”“办中专所需条件已基本具备”。1981 年 6 月 5 日，湖北省计划委员会和湖北省教育局联合发出鄂计〔81〕第 215 号、鄂教〔81〕035 号文件，同意从 1981 年起将武汉市第二商业学校纳入全省中等专业学校招生计划，暂设厨师、制冷、商业企业管理三个专业，在校学生规模 400 人（不包括技工部学生），市二商校设立“技工部”，保留原有的烹饪、照相、理发、糕点、餐厅服务五个专业。同年 10 月，学校恢复开设中专专业的首批 107 名新生入学。1981 年，为了适应中专教学的更高要求，切实提高教学质量，学校狠抓从严治学工作，颁布了《关于加强学生学业管理的规定》，实行了单人单桌考试制度，校领导深入考场参加监考，发现违纪现象立即处理。学生学风焕然一新。

第四节　扩大办学规模
多层次开放式办学

学校恢复中专教育后，积极“立足部门，面向全市，辐射全国”，发展步伐进一步加快。1981 年，全校开设的长训、短训班级由原来 10 余个增加到 25 个，学生、学员人数近千名；1984 年，学生、学员人数达到 1127 名，办学规模不断扩大，形式更加多样，逐渐从封闭式办学向多层次、多功能、网络型开放式办学方向发展。

一、举办干部和职工大、中专班

中国共产党在长期的革命实践中，一贯重视对干部的教育和培训。全国实行工作重点转移后，百业俱兴，然而干部专业文化素质不高的状况很不适应新时期的新要求。为此，国务院、教育部和省政府、省委组织部多次发出文件，要求有条件的大、中专学校开办干部学历教育班，以实现干部队伍的革命化、年轻化、知识化、专业化。

1981 年 9 月，受市二商业局委托，学校举办了商业企业管理大专专修班，招收学员 37 名，均是二商业局系统内部招考录取的政治思想好、作风正派、身体健康、能坚持长期学习的企业副科级以上干部。学员年龄最大的 45 岁，学制两年半。针对学员文化基础知识较差的情况，学校确定该班第一学期为预科，主要学习高中文化课程，同时适当学习大专财经学校一年级的知识，开设课程是政治经济学、语文、数学、中国经济地理、日语、体育等 8 门，预科考试成绩不合格者，不能继续学习，返回原单位工作。第二学期至第五学期为专科，参照商学院二年制专科教学大纲安排教学计划，开设的课程是：高等数学、大学语文、日语、体育；专业基础课与专业课 11 门，商业计算技术、中国经济地理、食品商品学、商业经济、商业会计、商业统计、商业计划、商业物价、商业企业管理学、经济法、市场学，教学时数 1888 学时。学员毕业返回原单位后，管理水平和管理能力普遍提高。

1982 年至 1983 年，受有关部门委托，学校又分别举办了一个商业企业管理职工中专班和两个商业企业管理干部中专班。三个班的学员分别为 35 名、36 名、102 名，年龄在 35 岁左右，均是本单位表现较好、有一定培养前途的青年，这三个班的学制为两年，教学时数 1800 学时，开设课程 17 门。

课堂教学

商业企业管理专修班学生毕业20周年合影

二、开办技工学校师资培训班

20 世纪 80 年代初，全国商业技工学校增加到 110 多所，这些学校不少是粉碎“四人帮”后复校或新创建的，师资力量比较薄弱。1981 年和 1984 年，商业部委托武汉二商校举办全国商业学校照相光学、化学师资格培训和烹饪营养卫生师资培训班各两期，以解决师资缺乏的燃眉之急。

举办师资培训班，在学校是首次。参加师资培训的 4 个班近 200 名学员，来自全国 20 多个省、市的 60 余所商业技校，文化素质基础较好，因此对教学的要求较高。当时，学校在自身教学力量也不足的情况下，为了保证教学质量，副校长、特级摄影师陈棣华从家里搬到办公室住宿，夜以继日，在较短的时间里编写出了水平较高的《照相光学》《照相化学》两部教材，保证了开课所需。基础课教研组张永根、李甲、刘登峰等“几个讲师一台戏”，将营养卫生师资培训班的教学搞得有条不紊。由于这几个培训班在教学上更多地采用了师范教学方法，注重理论的完整性、系统性和教学方法的讲授，并给学员提供一定的资料，学员结业返回单位后都能独立开课，教学效果良好。首期照相光学、化学师资培训班学员金光忠还很快晋升为特级摄影师，并主持开办了全国摄影师培训班。

三、开办新疆职工制冷中专班

1983 年，经过协商，由新疆维吾尔自治区食品公司提供资金，学校为新疆开办了一个制冷职工中专班。新疆是我国主要的畜牧业基地之一。当时，仅商品羊的年宰杀量就达 120 万只。由于冷藏设施缺乏，地处边陲的伊宁、塔城、阿勒泰等地的牧民，通常人工驱赶羊群近千公里，前往乌鲁木齐宰杀，路途每只羊平均掉膘 2 至 4 公斤。为了改变这种状况，新疆先后建起了 50 余座现代冷库，但冷库技术人员均为外地支边人员，力量十分有限，亟待抓紧培养。当时新疆前来我校参加制冷中专班学习的有 43 人，分别来自全区近 20 个地区，包括汉、维吾尔、哈萨克、回、蒙古等十多个民族，该班学制两年半，针对学员文化程度参差不齐和边疆地区信息闭塞的情况，学校在进行专业课教学的同时，注重了基础课的补习，多次组织学生外出参观，开阔眼界，接受新技术，并根据学员风俗习惯的不同，在生活上给予特殊照顾。这批学员顺利完成了学业，从而使新疆有了第一批制冷技术人才。其中约三分之二的学生很快走上了技术领导岗位，使一些地方牧民“千里赶羊卖”的历史一去不复返。1985 年以后，学校又为新疆分别举办了制冷职工中专班、短训班、大专专业证书班各一期，培养学生总数达 150 余名。新疆制冷学会秘书长称：“这些制冷技术力量至少可维持 10 年至 15 年。”

四、开办职业自费走读班

1983 年和 1984 年，根据“先培训，后就业”的原则，学校先后开办了 3 个厨工自费职业走读班，招收学生 114 名，均为当年应届初中毕业生，学制两年。教学要求：文化基础课达到高中一年级水平，专业上掌握一门专业技能。学生均毕业当年分配。这种办学方式缓解了社会就业难的矛盾，受到家长及社会的欢迎。

五、开办不同类型的短训班

从 1975 年至 1984 年 10 月，学校受商业部和其他部门委托开办各种类型的短训班 48 期，培训学员 2200 多名。这些培训班，绝大多数是在十一届三中全会以后的几年开办的，所办班为：厨师、理发、照相、餐厅服务、面点、糕点、制冷、物价、全国饮食服务企业地市经理、全国经理统考培训班等，教学效果良好。

学校还多次组织教学小分队前往十堰、咸宁、襄樊等地工矿企业巡回教学，受到广泛欢迎。

学校师生赴江陵进行烹饪技术交流

湖北省供销社照相短训班结业纪念

六、举办个体户烹饪培训班

長江日報

CHANGJIANG RIBAO

1984年

10月7日

星期日

甲子年九月十三

第12824号

武汉地区天气预报

多　云

西南风1—2级

最高温度，19°C

最低温度，10°C

把各路珍肴引进"里巷酒家"

市二商校办"个体户烹饪培训班"

本报讯　昨日，市二商业学校第一教学楼二〇一教室迎来了十四名"特别学员"，他们来自武汉三镇的大街小巷以及湖北大悟、荆门等地，是架锅炸面窝、出灶炕烧饼、摆摊卖水饺及开办风味小酒家的个体户，在这里开始了"个体户烹饪培训班"学习的第一天。

近几年来，个体饮食业迅速发展，仅武汉三镇到今年九月底，就有个体饮食服务店（摊）三千四百多个。为了帮助个体户提高服务水平，我市培养饮食服务专门人才的中等专业学校——武汉第二商校抽调王义臣、唐显芝等烹饪名师，举办"个体户烹饪培训班"，向个体饮食户传授烹饪技艺。培训班为期两个月，将开设烹饪理论基础知识、饮食业成本核算基本方法等课程，具体传授"红扒全鸡"、"双黄鱼片"、"扣马牙肉"等四十道名菜的制作技术，每人学费（包括书本费等）六十元。外地来汉的学员还可免费在实验服务大楼实习。

九月中旬，招生的消息一传开，武汉三镇和省内监利、远安、应城等十二个县及河南信阳等地的个体户纷纷来人来函，要求入学求艺。由于条件受限，学校只招收了十四名个体户作为第一期学员，以后将逐步分期扩大招生。

开学第一天，该校教师向家芳等给学员讲授了我国烹饪历史概况及饮食成本核算理论等。学员们高兴地议论：有这么多名师传艺，我们定要将各路珍肴引进"里巷酒家"。

（本报记者杨泓）

1984年10月7日出版的《长江日报》以头版版面报道了市二商校"个体户烹饪培训班"

中共十一届三中全会后，改革开放政策的实施，使得武汉个体饮食业迅速发展，仅武汉三镇，到1984年9月底就有个体饮食店（摊）3400多个。为了帮助个体户提高服务水平，1984年10月6日，学校抽派唐显芝、王义臣、向家方等骨干教师，举办了个体户烹饪培训班。在当时个体从业人员被少数人看不起的情况下，学校的这一举措具有一定的胆识。来自武汉三镇以及大悟、荆门等地架锅炸面窝、出灶炕烧饼、摆摊卖水饺的 14 名个体户参加了学习。培训班为期两个月，开设烹饪理论基础知识、饮食成本核算等课程，具体传授“红扒全鸡”“双黄鱼片”“扣马牙肉”等四十道名菜的制作技术，每人学费 60 元，培训班结业时，王智元、李炎林、张国铭、张昌奎四大名教师，还义务收 4 名个体户当徒弟。此举在社会上反响较大，《湖北日报》《长江日报》均迅速在头版报道，中央人民广播电台在节目“新闻和报纸摘要”中广播。

除上述各项工作之外，学校还开展了中专函授教育，举办了校外中专班等培训工作。

第五节　武汉市第二商业学校的人才培养

一、师资建设

1981 年上半年，学校对教师的思想、学历、教龄、教学能力等，逐一全面摸底调查，分别与 40 余名教师开展谈心，召集学生代表座谈会征求对教学工作的意见，对全校师资队伍的状况有了较全面的了解，并着手进行调整。根据学校的实际需要，从一些老中专学校和中学调进 12 名具有大学学历的中年教师，接收了 19 名高等院校的应届毕业生，先后选送 35 名教师到对口的大专院校进修。1982 年，根据教育部文件精神，开展了教师职称评定工作，评出副教授 1 名，讲师 15 名。到 1984 年，全校教师达到 98 名，具有大专学历的约占三分之二，其中：获得副教授、讲师职称者 14 名（1 名讲师退休，1 名调出学校），获得特级技师职称者 4 名，一级技师者 4 名，二、三级技师者 10 名，教师平均年龄 35 岁左右，师资队伍已初具规模。

聘请兼职教师发聘大会现场

财务专业学生的上课现场

教师在小组授课

二、教材建设

截至 1984 年，学校自编教材达 65 种，印刷 10 万余册。教材的选用，普通文化基础课多选用国内已有的大、中专教材，根据本校专业需要作适当修改补充，如《语文文选》（上、下册）《汉语修辞知识》等；专业基础课、专业课教材基本采用本校自编的，如《烹饪学》《烹饪原料学》《湖北糕点》《食品微生物学》《食品卫生学》《整修着色技术》《制冷原理与设备》等，其中《制冷压缩机》

《饮食成本核算》《饮食营养卫生》等，由出版社正式出版。教材的编写有两种形式，一是任课教师先独立编写讲义，试用后再改编为教材；二是组织有关领导、专业教师和理论教师的“三结合”班子集中编写，如《烹饪学》《理发技术》《湖北糕点》《制冷技术》等。1982 年，学校恢复中专教学，抽调 6 名教师专门成立教材编写组，隶属教务处领导，赶编中专专业教材，取得一定效果。

三、图书资料建设

武汉市服务学校、二商校建校初期，只有一个图书管理员，学校藏书甚少。1974 年，学校正式建立了图书室。到了 1975 年，图书室面积为 120 平方米，藏书 5000 册，设有外借处、教师阅览室、教师资料室、学生阅览室、采编室等，藏书 39000 册，订阅报刊 450 余种。

四、实习实验设施建设

烹饪实习室：建于 1974 年，包括红案实习室二间、白案实习室一间，共计 160 平方米。1978 年，实习室扩大为七间，新增设了餐厅服务实习室，面积约 400 平方米，可容纳 150 名左右学生操作实习。1980 年，学校在毗邻市第六冷冻厂的汉阳大道旁，修建了一个简易餐厅，面积四十余平方米，供学生轮流实习，并对外营业。烹饪实习室有炉灶、案板、橱柜、餐具、电冰箱等设备。实习原料在菜场、集贸市场购买；肉食、鲜蛋、鱼等计划供应物资报经省、市商业部门批准，由市食品公司、水产公司、调料公司供应。

糕点实习室：1974 年，学校投资 2 万元，在新华食品厂汉正街分厂建立糕点专业校外实习基地。1976 年，学校自力更生，因陋就简，将原有的一间办公用平房改建为糕点实习室，面积 60 平方米。1979 年和 1981 年，学校又两次对该实习室进行了改造、扩建，使其面积增加到 360 平方米，可容纳 25 名至 30 名学生操作实习，并在实习室内设有打蛋机、和面机、电炉、烤炉、烤盘、油锅灶等。实习原料由学校每学期上报计划，市二商业局审批，市副食品公司调拨。实习产品由汉口车站副食品商店（现卓娅副食品商店）定点经营。1982 年，学校在校门口设有小卖部少量出售实习产品。

理发实习室：建于 1972 年，原系一间大教室，面积约 60 平方米，1979 年，在校门口附近建立了一间对外服务的实习店，面积 1230 平方米，可容纳 30 名学生操作实习。1984 年搬至综合实验大楼内，实习室内有沙发按摩理发椅，铁制理发椅，电烫、冷烫全套设备等。

照相实习室：建于 1974 年，包括摄影室、暗室、整修、着色实习室各一间，总面积约 150 平方米，可供 40 名学生实习操作，设备有座机、外拍机、镜头放大机、印相机等。

综合实验大楼：1982 年动工，1984 年 6 月交付使用，是当时汉阳地区规模最大的综合性饮食服务场所，楼高 7 层，建筑面积 2800 多平方米，建成时包括糕点门市部、冷热饮食、白案餐厅（玉食苑，小吃中心）、红案餐厅（吟香阁）、雅厅（知味轩）、烫发部、照相部及内部招待所等，可同时接待 500 多名顾客，成为当时汉阳地区规模最大的餐饮经营场所。时任武汉市市长吴官正亲临视察，称赞“以学养学好”。

除此以外，学校还建有生化实验室、电子实验室（1982 年停办），大力发展饮食服务职业技术教育，提高饮食服务质量，更好地满足群众需要。

综合实验大楼外景

整齐的学生宿舍内景

五、思想政治工作

党的十届三中全会后，思想政治工作逐步摆脱“左”的束缚和干扰，战斗力增强。1978 年至 1984 年，学校在教职工中组织了实践是检验真理的唯一标准的讨论，学习《关于党内政治生活的若干准则》《关于建国以来党的若干历史问题的决议》《邓小平文选》《中共中央关于党的决定》等。开展学生的思想工作方面，除学习中央一系列重要文件外，还坚持不懈地开展专业“思想教育、五讲四美三热爱”活动等，内容、形式和方法不断改进。1981 年，在学生班级中开展了适合青年特点的“五讲四美”竞赛，这个竞赛将“五讲四美”的要求和学校的管理制度相结合，从起床、早锻炼、自习、进餐、就寝、清洁卫生、爱护公共财产、课堂纪律等，逐日逐项检查评分，公布成绩，每月总评授奖一次。这个竞赛坚持开展了多年，效果良好，学生的精神面貌和校容校貌发生了明显的变化，省内外不少兄弟单位都前来参观。1983 年，在建校 20 周年之际，学校举行了大型校史展览，邀请优秀毕业生代表回校交流，现身说法，对促进学生专业思想的转变起到良好作用。

新生思想教育

团员代表大会

师生合唱比赛

时任武汉市市长吴官正（右二）来校视察

与此同时，还开辟了第二课堂。从 1981 年上半年开始，各班都配置了一台电视机，坚持开展每周学唱一首校歌，每月开一次游艺会、看一场电影等，开展丰富多彩、健康有益的文娱活动。

第六节　武汉市第二商业学校的毕业生

一、人数及专业分布

1974级照相班毕业生

从 1972 年至 1984 年，二商校为国家培养了学生 3142 名（商业学校 1972 级烹饪、糕点、照相、理发四个专业 548 名学生毕业于二商校期间，仍在统计之列，干部中专班、职工中专班的学生不在此数字之中）。其中，中技专业学生 2673 名，中专专业学生 355 名，职业班学生 114 名。在这些学生中，烹饪专业学生 1087 名，占学生总数的 34.6%，制冷专业 276 名，占 8.7%，照相专业 221 名，占 7%，商业企业管理专业 136 名，占 4.3%，其余分别为其他专业学生。从统计数字可以看出，饮食服务类专业，尤其是烹饪专业学生，在二商校的人才培养中占据重要地位。根据调查结果表明：二商校的毕业生，实际操作能力较强，理论基础较好，适应能力较强，有一定的发展后劲。另外，服务学校、二商校的毕业生绝大多数分配于商业系统之内。不少单位的饮食服务管理干部和操作人员出自同一个学校，所学理论和专业技术系统大体一致。工作之后，老手与新手之间，领导与群众之间，能较快地产生默契，这是教学历史悠久的学校具有的独特优势。

二、优秀毕业生

二商校的毕业生，大多数具有良好的思想素质、较强的业务能力，不少人已成为单位的管理和业务技术骨干。1984 年 9 月，经过严格挑选，学校 1982 级红案班毕业的学生陈一新、刘隽、王平亮、吴双 4 人被分配到北京人民大会堂当国宴厨师。想要成为国宴的“御厨”，选拔严苛，不仅要求厨艺极为精湛，政治方面也必须过硬。

1982级国宴厨师

1982级毕业生、国宴主厨——陈一新

烹饪专业 1981 届毕业生吴有伏，在 1990 年首届全国青工技术比武烹饪工种的比赛中，获得湖北、武汉赛区的第一名，全国决赛的第四名，被评为“全国十佳青年厨师”，获得了“全国青工技术状元”“全国新长征突击手”的称号。曾任武昌生香酒楼副总经理、特三级厨师，1993 年 3 月，他拿出 2 万元抵押金，承包了酒楼的红案餐厅，推出的古筝音乐伴餐、昆虫菜等，在武汉名噪一时，经济效益较好。2016 年他创立的网红餐厅——藕巷，以地道湖北楚菜为主题，再次火爆全城。

吴有伏参加烹饪比赛

张鹏亮在创办的连锁餐厅门口留影

1984 届烹饪专业毕业生张鹏亮，为湖北省旅游系统劳动模范，特三级厨师，他于 1993 年初担任了长江最豪华的外事旅游船——“扬子江乐园”号的厨师长，烹制的菜肴受到不少外宾的夸奖。2001 年他在华盛顿担任中国驻美大使馆主厨，期间曾为国家领导人烹饪。2010 年，在美国维吉尼亚州开设第一家以 Peterchang 命名的餐馆后，生意火爆，截至 2023 年，已在美国开设 12 家连锁店。2015 年、2016 年连续两年，张鹏亮都获得素有“美食界奥斯卡”之称的 James Beard Award 提名，众多美国知名大厨与他合作后，餐厅一家接着一家地开，生意火爆。他的事迹还被《纽约时报》《华盛顿邮报》《纽约客》等诸多媒体报道，美国人称他“功夫厨神”。

1974 届照相专业毕业生彭年生，曾荣获“首届中国人像摄影十杰”提名奖、“第七届中国人像摄影十杰”提名奖、“湖北省首届摄影十佳”奖；2012 年获湖北省摄影家协会颁发的“2012 摄影贡献奖”“2012 湖北十大摄影家年度人物奖”；2013 年获湖北省摄影家协会颁发的“2013 摄影年度人物奖”等称号。其 1990 年作品《思想者》组照获第十六届全国摄影艺术展金牌奖。

1976 届理发专业毕业生王锦文，曾东渡日本学习美容技术，曾经是武汉仅有的两名女特一级美发美容师之一。1983 届糕点专业毕业生胡必荣，曾在市西点制作比赛中夺得第一名，不到三十岁就当上了特一级点心师，当时全国像他这样年轻就获得行业最高技术职称者，仅此一人。1981 届制冷专业毕业生周开雄潜心研制的“照蛋机”，每年为企业节约 100 万元，曾获得武汉市科技进步二等奖、武汉市科技发明三等奖，被评为市劳动模范。

第二编

栉风沐雨　砥砺前行

武汉高等商业人才培养的起步

第四章　武汉商业服务学院

（1985—2004）

第一节　武汉商业服务学院的成立

一、成立的背景

党的十一届三中全会以后，特别是1985年《中共中央关于经济体制改革决定》的制定，我国市场出现了活跃、繁荣、稳定的好形势，第三产业迅猛发展，商业服务业的服务领域不断拓宽，一些传统经营项目得到了恢复和发扬。随着经济的发展，生活水平的提高，现代科学消费观念、审美观念的推广、普及，以及对外开放，人们的消费要求越来越高，吃讲营养、用讲美观等逐渐成为生活新潮。这就迫切要求商业服务从业人员由体力型向智力型转变，向更高的文化层次发展。但是，武汉商业服务业当时职工队伍文化素质的状况严重滞后于形势发展的需要。据武汉市商业管理委员会1985年的资料统计，全市商业系统约有15万余人（不含社会商业），具有大专以上文化程度的仅占0.9%，且多为商业经济管理类人员，而从事烹饪行业的1.7万余名职工，尚无一人受过高等职业技术教育。新的历史时期给商业部门提出了新的严峻课题：在发展商业服务网点的同时，必须大力抓好商业服务职工文化素质的提高，否则，商业经济的振兴必将受到极大阻碍。

这一点，商业部门有不少人当时已经产生共识，并付诸行动。20世纪80年代初，我国东部地区的江苏商业专科学校组建烹饪系，开办了全国第一个烹饪专科专业。紧接着，我国南部兴建的广东商学院也设置了烹饪专业，西南部兴建了四川烹饪专科学校，东北的黑龙江商学院，也将过去受到一些人鄙夷的烹饪学科引入高等学校的大雅之堂。“东西南北中”，唯独中部地区的高等商业服务职业技术教育尚属空白。这种教育布局，显然不利于各地区商业经济的协调发展。“九省通衢”的特大中心城市武汉，自古以来就是我国的重要商埠之一，晚唐罗隐的《忆夏口》，宋范成大的《吴船录》、陆游的《入蜀记》等，都对武汉当时的饮食服务业的繁荣景象做过生动记述；加上武汉又是1984年中央批准进行经济体制综合改革试点城市之一，以“两通”（流通、交通）作为振兴的突破口，第三产业在全市国民经济生产中起着挑大梁的作用。武汉市第二商业学校已创办20多年，积累了较丰富的商业服务职业技术教育经验，拥有一支门类较齐全、结构较合理的商业职业技术教育的师资队伍，其“拳头”专业——烹饪专业等教育与研究，在全国同类学校中处于先进行列。武汉完全有必要，也完全有能力填补我国中部地区商业服务高等职业技术教育空白。

创办武汉商业服务学院，除了本市第三产业发展和全国高等商业职业技术教育合理布局的需要外，对建立较完善的商业职业技术教育体系也大有裨益。1985年，在《中共中央教育体制改革决定》的指引下，我国职业技术教育事业蓬勃发展，仅当时湖北省商业、劳动系统开办的各类职业学校、中等专业学校就有110多所，多种就业培训中心以及教育系统开办的职业高中如雨后春笋，但是这些学校饮食服务类学科师资基本上不具备本专业大专以上学历，亟待进行对口专业的深造，以保证教学质量的提高。这就需要积极兴办新型的高等商业职业技术学校。

二、批准建院的经过

1982年，商业部商业饮食服务业管理司就曾有在武汉创办高等商业服务学校的设想，由于地区所有制、部门所有制等因素的影响，当时未能进行实质性的研讨。1985年4月，武汉第二商业学校向武汉市商委呈报了《关于组建武汉商业服务学院（或武汉烹饪专科学校）的请示》；同年5月和9月，武汉市商委先后向武汉市教委递交了《关于申请组建武汉商业服务学院的报告》和《关于再次申请组建武汉商业服务学院的请示》。11月2日，武汉市分管教育工作的副市长高顺龄同志在报告上批示：“我意在保证中专、技校发展的前提下，坚持招收应届高中毕业生为主的原则，走收费走读、择优录用的办学道路，经费自筹解决，只要坚持以上几条，该学院可以批准，性质大专，并望速办”。1985年11月22日，武汉市教育委员会代表武汉市政府（武教委〔1985〕第84号文）批准建立武汉商业服务学院，确定：“武汉商业服务学院是以培养商业、饮食服务业高等专科层次的专门人才为主的高等职业技术学校，招收应届高中毕业生，实行收费、不包分配、毕业后择优录用。学校暂设烹饪、饮食服务管理、服装设计三个专业。学制均为三年，规模暂定一千人。”“学校归口武汉市商业管理委员会领导。办学所需师资、校舍经费由市商委负责筹措。校址以市二商业学校为基地逐步发展。市商委要统筹兼顾、全面安排，保证所属各级各类教育事业协调发展。确保不减少中专、技校招生，不削弱中专、技校师资，不挤占中专、技校经费。”“要根据量力而行，逐步发展的原则安排好招生计划。1986 年、1987 年拟安排每年 120 人，三个专业每年各招一个班。”与此同时，武汉市教育委员会（武教委〔1985〕第 85 号文）呈请国家教委对建立武汉商业服务学院予以备案。1986 年 1 月 17 日，国家教委计财司电话通知武汉市教委同意备案。1 月 20 日，国家教委在郑州召开了“全国高等院校 1986 年招生计划工作会议”，同意将武汉商业服务学院正式纳入国家招生计划，并从 1986 年开始招生，计划招生数为 80 人，分别为中国烹饪专业，饮食服务，企业管理专业。

为了加速学院的筹备工作，1986 年 2 月 13 日，武汉市商业管理委员会以武商〔86〕第 25 号文批准成立“武汉商业服务学院筹备领导小组”，筹备领导小组由 4 人组成，组长徐志虔（市供销社党委书记）、副组长王华轩（武汉市第二商业学校党委书记）、组员李正义（武汉市商业管理委员会教育处处长）、朱耀华（武汉市第二商业学校校长）。筹备领导小组的成立，标志着武汉商业服务学院正式诞生。

武汉商业服务学院大门

武汉商业服务学院的成立，是学校发展史上的一个新的里程碑，标志着学校建设和发展进入了一个新的时期。建院以来，学院在国家投入较少、办学条件较差、办学政策支持不够的条件下，始终坚持高等职业技术教育的方向，从社会的实际需要和办学效益出发，坚持“质量、管理、效益”和“按需施教、灵活多样、注重实效”的办学方针，扬长避短，发挥优势，积极探索高等职业教育改革，形成了多层次、多形式、多渠道、多规格、多功能的办学模式，教学规模逐步扩大，教学质量不断提高，办学特色日益鲜明，经历了办学特色不断形成和发展的历程。学院初具规模，1997年被确定为湖北省示范性高等职业教育试点学校。1999—2003年，是学院建设、改革和发展的重要时期，面对机遇与挑战并存、希望与困难同在的严峻形势，学院坚持以邓小平理论为指导；坚持高等职业教育办学思路，振奋精神，艰苦创业；坚持“质量立校、特色兴校”；以改革为动力，以建设和发展为中心，以人才培养为根本；积极进行综合改革，学院教育快速发展，办学特色日益鲜明，教学质量稳步提高，实现了五大跨越：一是办学条件逐步改善。学院占地面积由建院初期的36亩地扩大到262亩地（包括武汉经济技术开发区校区、汉阳校区）。二是专业建设成效显著。普通专科专业由1986年的烹饪、服务企业管理2个专业发展到31个（含11个专业化方向），其中有国家级高职高专重点专业1个、省级高职高专重点专业2个。三是办学规模明显扩大。由首批招生专科学生77人发展到在校生2800多人，各类成人教育、短期培训达4000人。招生范围由立足省内，扩展到全国14个省、市、自治区。四是师资队伍素质明显提高。从单一的理论型向“双师型”转变，专任教师中，高级职务占13%，“双师型”占30%以上，同时建有一批比较稳定的兼职教师队伍。五是人才培养质量不断提高。学院为社会输送大、中专毕业生万余名，培训各类技术人员近万名。从历年招生和就业的情况看，学院各类毕业生均受到用人单位的普遍欢迎，充分说明武汉商业服务学院办学质量和人才培养质量得到了社会的广泛认可，“学校有特色、教学有特点、学生有特长”在社会上享有盛誉。学院学生“双证制”、教师“双师型”等教学改革，都是在全国高等职业学校中最早实施的，得到国家教育部门的肯定和推广，为学院今后的发展奠定了一定的基础。

第二节　优化专业设置
健全规章制度

一、优化专业设置，加强重点专业建设

学院自建院以来，始终坚持以培养商业服务业高级技术应用型人才的高等职业技术教育的办学方向，不断深化教学改革，狠抓教学基本建设和教学秩序的稳定，主动适应社会经济发展的需要，形成了自己的办学特色。

（一）适应经济发展需要，建立职业性特色鲜明的专业体系

在专业设置上，学院没有按传统的学科门类划分专业，而是坚持从高等职业教育的特色出发，针对生产第一线工作岗位（岗位群）的需要，兼顾第三产业发展的长远需要，依职业门类建立专业体系，凸显出鲜明的面向商业服务业的特点。1985—1986 年间，学院主要开设有中国烹饪、餐饮企业管理、旅游管理 3 个专业；1989—1998 年间，增设了西餐工艺、制冷与空调、饭店服务管理、艺术摄影、形象设计、商业美术、国际贸易、商业经营管理 8 个专业和中西点工艺、酒店管理、公共关系、商业文秘、市场营销 5 个专业方向；中国烹饪、餐饮企业管理两个专业分别更名为烹饪工艺、商业经营管理。1999—2003 年，又先后增设了烹饪科学与营养、生鲜食品加工与经营、计算机及应用、物业机电管理、社区服务与管理、电子商务、室内设计与装饰、文秘与办公自动化、电算会计 9 个专业和西点工艺、超市食品经营与管理、经贸英语、新闻摄影、广告摄影、服装表演与经营 6 个专业方向，艺术摄影专业更名为数码影像设计。经过多年的努力，到 2003 年学院共设有 20 个普通专科专业和 11 个专门化方向。

财会教师正在给学生上课

计算机课程的学生上机操作

（二）以能力培养为基础，造就一专多能的技术应用型特色人才

在教学计划、内容、方法等方面，学院不完全照搬普通高校培养学科或学术型人才的方式，而是摆脱本科压缩型的模式，由学科型、学术型教育向技术应用型教育转变，培养专科层次教育的非学科性、非学术性专业技术应用型人才，建立个性鲜明的教育体系。并且突出职业服务的方向，培养学生基本理论和基本技能基础、职业技能和知识应用能力；实行“产”“学”结合；推行“双证书”（多证书）制，使学生“文武”兼备、一专多能，具有较强的发展潜质。

这种突出职业教育、强化学生的“两基”“两能”和“双证书”制的高职教育的培养人才模式，使学生学得进、用得上，调动了学生学习的主动性和积极性，造就了一专多能的技术应用型特色人才。据对学院 1989—1991 届共 237 名毕业生质量抽样调查，入职毕业生在单位表现好的或较好的为 77%，表现一般的为 19%，表现差的为 4%，毕业生合格率达 96%。用人单位评价：

适应了第三产业发展需要。从毕业生分布情况看，具有面广、点多的特点，其分配到大型宾馆、酒楼等工作的约占 40%；分配到社会办的大型宾馆、酒楼等工作的占 28%；分配到工厂、学校、部队、政府机关等企事业单位食堂的约占 8%；分配到旅游系统或武汉、深圳等中外合资企业的各占 5% 左右，人才适应了社会多方面的需要。

缓解了职业教育师资缺乏的矛盾。1989 年以来，学院共有 30 多名毕业生分配到武汉旅游职业学校、市 38 中、长航职业中专等职业学校任教，这些毕业生占毕业生总数的 14%，仅次于商办商业和社会的毕业生分配数量。毕业生走向工作岗位后，很快能独当一面。如 1989 届中国烹饪专业毕业生，武汉市洪山区石牌岭职业中学教师邓斌所带的一名学生，在代表我省参加 1991 年全国职业中学烹饪比赛中，成为夺得冠军的骨干选手之一。邓斌的工作受到省市领导的肯定和表扬。

适应能力和动手能力较强。据对 1989—1990 届 157 名毕业生调查，45% 的毕业生在 3 个月内适应了工作，51% 的毕业生在半年内适应了工作。237 名毕业生中，已有 40 多人在工作仅两年的时间里，就担任了武汉饭店、台北饭店、丽江饭店、紫阳湖宾馆、碧波宾馆、上海滩饭店、国际俱乐部等企业的总经理助理及部门负责人等职。中国烹饪专业的 107 名毕业生有 96% 在餐馆酒楼等操刀执勺或在烹饪教学第一线工作，他们乐在基层，奉献青春，被用人单位称为“留得住，用得上、干得好”的“永久型”人才。

勤奋好学，具有较强的上进心。据统计，学院毕业生已有数十人在全国、省、市的专业杂志上发表了有一定学术价值的文章 300 多篇。1989 届毕业生丁玲、王斌等 4 名同学在专业教师的指导下，参加了《吃的选择，烹的技法》电视片的撰稿工作。1990 届旅游与管理专业毕业生曹明，在武汉地区礼仪青年比赛中力挫群雄，被评为武汉市“十佳礼仪青年”。1989 届中国烹饪专业毕业生肖键在第二届全国“怀燕杯”食品雕刻大奖赛中获得了优秀奖。学院毕业生在社会上的良好表现，也引起了新闻舆论界的关注。新华社曾以《围着锅台转也有大学问，武汉烹饪界有了第一代学生掌勺人》为题发出通稿，《湖北日报》《长江日报》《武汉晚报》等都在显要版面报道过学院毕业生情况。体育教学和专业技能教学有了加强。2000—2003 年，在学生体育测试中，大专生达标合格率为 93.9%，中专生达标合格率为 91.2%，大专学生篮球代表队获得 2002 年武汉市大专院校篮球赛冠军，实现了学院“三大球”比赛金牌零的突破，在全省第七届大学生田径运动会上，9 名同学获得好名次。

做好推荐成绩优异的学生专升本工作，150 名专科毕业学生通过考试升入本科院校继续深造。每年有 84% 的毕业生通过了职业技能鉴定，获得了相应的职业资格证书，“双证书”的内涵有了新的发展，已变成为包括计算机等级证、英语等级证、普通话等级证在内的“多证书”制度。学院规定的“双证书”率在烹饪工艺等专业达到了 95% 以上。1993—2002 年，在全国大学英语四、六级和湖北省专科英语水平测试中，学院专科英语测试 6853 人，累计合格率 80%；英语四级统考 5902 人，累计通过率 16%；六级统考 864 人，累计通过率 10%。

（三）重点专业建设取得新进展

长期以来，学院十分重视专业建设，不断改善专业建设与发展的办学条件，形成了一批既具有鲜明的办学特色，又切合市场需求的专业。烹饪专业是学院的老牌专业，经过长期的建设与发展，逐步形成了其独特的专业特色，设有烹饪教育、烹饪科学与营养、烹饪工艺、中西面点制作、西餐工艺、生鲜食品加工与经营、饭店管理与服务 7 个专业，涉及餐饮业的各个工种和岗位，形成整体合力，成为学院鲜明办学特色的重要组成部分。2000 年，湖北省教育厅批准“烹饪工艺”和“制冷与空调”两个专业为全省高等专科教育改革试点专业，并在政策、资金上给予相应的支持。为加强制冷与空调专业的建设与发展，2001 年 4 月 25 日，成立了制冷与空调专业指导委员会。特聘华中科技大学能源学院郑贤德教授任指导委员会主任。该专业指导委员会的成立，对加快专业建设与发展，加快专业师资队伍建设，提高办学质量起到积极的推动作用。

2001 年 6 月，教育部专家组到学院分别听取了院领导及烹饪系专业负责人关于学院办学情况和烹饪工艺专业教改情况的汇报，专家们经过听取汇报，查阅有关材料和实地考察教学场地、设施、环节，认为烹饪工艺专业办学特色鲜明，教学条件、手段和方法切合专业教育的需要，具有一定的示范性。同时指出了薄弱环节和不足之处，并实事求是地对该专业的教改试点情况进行了客观、公平、中肯的评价："来到武汉商业服务学院考察，感到学院办学特色鲜明，增强了我们办好高等职业教育的信心。"2001 年 10 月，烹饪工艺专业被确定为部级教改试点专业，学院重点专业建设实现跻身国家级夙愿。

2002 年，学院召开第三次学院教学工作会议，讨论制定了《关于我院专业建设及教学管理工作整改的整改意见》《关于院级重点专业建设的意见》《关于建立专业负责人制度的暂行办法》《院级重点专业办学水平合格评价标准》《武汉商业服务学院 2002—2005 年专业建设和发展规划》等一系列文件，理顺了专业建设和发展思路，逐步形成专业建设的基本规范，从而使学院的专业办学水平迈上一个新的台阶。

（四）积极探索校企、院校联合办学

1999 年以来，学院先后与武汉市技术监督学校、武汉家政职业专修学院、市商业职业学校、市旅游学校、市一商校、市财经学校等学校签订了试办"3+2"分段制高等职业教育合作办学协议书，开办了烹饪工艺、旅游管理、市场营销、会计电算化、电子商务、计算机及应用等专业。招收应届初中毕业生，为学校招收高职对口生源打下了基础。2001 年 2 月，与武汉市对外贸易学校签订《关于开展国际贸易模拟实训教学的协议》，市外贸学校为学校提供师资、计算机室等实训必备条件和场地，安排国际贸易专业学生模拟实训。2001 年 9 月，与汉福超市有限公司联合开办超市食品经营与管理专科专业，当年招生 30 人。11 月，与华中师范大学合作开办网络远程教育，开办成人学历教育，开设有计算机科学与应用、汉语言文学、电子商务、英语 4 个本科专业。本着主动为地方经济服务的精神，推动职业教育的发展，适应烹饪教育对专业师资的迫切需要，促进湖北省第三产业的发展。2001 年 4 月，学校与农行汉阳支行签订银校合作协议，确定学校质押贷款授信额度 1000 万元。2002 年 3 月 29 日，学校与农行汉阳支行正式签订国家助学贷款协议，12 月，38 名学生获得国家助学贷款计 17.7 万元。2003 年 1 月 23 日，湖北省教育考试院同意学校设立全国计算机等级考试考点。

（五）对外交流与合作得到进一步加强

1999 年 3 月，芬兰瓦萨商务和酒店管理学院 3 名师生来院进行为期一周的烹饪技术研修。5 月，以幸健为团长的日本大分市城南高校第四次烹饪交流团

访问学校，武汉市副市长殷增涛、段轮一会见了客人，两校就互派培训人员签订了协议。9月，以鄢跃来副教授为团长的一行5名师生赴芬兰瓦萨商务和酒店管理学院进修。2000年5月，芬兰瓦萨商务和酒店管理学院师生3人结束在学校的交流学习，同月，以院长助理汪振国为团长的访问交流团赴日进行学术交流和访问。2001年，学院对外交流与合作频繁。2001年1月，以陈光新教授为团长的学院赴日访问团前往日本，为2001年下半年在日本举办的“武汉美食节”做前期准备。3月，以鸳海义彦为团长的日本大分市城南高校一行17人，在学校进行为期8天的交流访问。4月，芬兰瓦萨商务和酒店管理学院3人到校交流访问。11月，以张志勇为团长的代表团启程赴日参加“武汉美食节”活动。2002年4月，芬兰瓦萨商务和酒店管理学院师生3人来院交流访问，5月，以鲁永超为团长的交流访问团赴日访问。10月，日本大分市福德学院客人来校交流访问。7月，学院首次接收日本留学生1名，学习中国烹饪工艺，学习时间一年，这是学校建校以来首次接收留学生。2003年1月8日，省教育厅同意学校与新加坡英华美咨询（上海）有限公司合作办学，成立“武汉商业服务学院英华美教育培训中心”，该“中心”属非独立设置的办学机构，开展非学历教育培训。

召开联合办学会议

学校与芬兰瓦萨商务和酒店管理学院签订友好关系协议

芬兰学员在学校进行烹饪技术研修

学校代表团在日本大分市开展交流活动

二、健全规章制度，加强教学管理工作

（一）积极开展教学管理工作，教学管理逐步走向规范化

紧扣教学质量这根关系学院生存与发展的生命线，针对学校的实际情况，教学管理从最基本的规范入手：一是制定了《教师教学任务确定的基本原则》。充分发挥各系、部选定任课教师的自主权。对任课教师在教学内容、教学态度等方面都有了更具体的要求，同时基本改变了原来基础课部教师的定位使其产生压力大，个别课程无部门管的现象。二是推行了考试工作的规范化进程。要

求教师教学要依据教学大纲，出卷要有教学内容与题型分布的双向细目表，对试题的类型和形式都提出了具体要求，并且加强试卷的统一管理，由教务处统一抽卷和印制。三是修订了《教师课堂教学基本规范》，对课堂教学环节的管理提出了规范要求，并且为下一步教师工作的考核提供了基本依据。四是颁发了《关于规范学生实习教学工作的通知》，结束了长期以来学生实习教学工作各自为政、无统一管理的状况。为加强学生实习教学工作第一次提出了管理规范。

加强系部和教学管理队伍的建设。在学院各项事业发展的同时，重视系部和教学管理队伍的建设，采取了一系列的措施，做了大量行之有效的工作。为适应现代社会对人才培养的需要，在组建系部班子的同时，挑选有威信、负责任、具有较强专业能力的教学人员担任系部领导干部，组建了系部办公室，配备了有教学高职称、高学历的人员和优秀毕业生进入教学管理部门，系部结构得到改善和加强。2000 年，教学工作会议制定了《教学督导工作实施方案》。教学督导工作以完善学院管理制度，提高教学质量，增强学院在日趋激烈的教育市场中的竞争实力为目标，为院领导及相关教学管理部门提供信息服务和改进建议。成立督导工作领导小组，负责领导教学督导工作，并成立督导室，负责实施教学督导工作，建立了《专业建设与教学管理评估表》《理论课、实践课教学质量检查评估表》《课堂教学质量学生测评表》等一套较完整的教学质量评估指标，对促进教学质量的提高起到了积极的作用。采取了加强教学运行管理、领导听课、教学管理部门定期抽查等一系列措施，建立了教学督导机制。加强了教学实验、实训室自查自评和专业办学水平合格评价工作，积极做好学生学籍的电子注册工作，开展评教评学活动，改革考试考查手段，建立部分公共课试题库，推行考试工作的规范化管理，提高了管理质量和效益。

（二）加强教师队伍建设，制定教师队伍建设规划

2000 年学院召开教学工作会议，会议确定学院师资队伍建设的奋斗目标是：始终加强既具备扎实理论基础和较高教学水平，又具有很强技术应用能力和丰富专业实践经验的“双师型”师资队伍建设。具体目标确定为：师生比为 1 ∶ 16，2005 年达到 235 人，其中专任教师占教师总数的 75%，专任教师总数占教职工总数的 80%，力争使专任教师中具有硕士研究生学历或学位者达到 20%。为保证师资队伍建设目标的落实，学院采取了以下措施：一是对现有教师，特别是青年教师有计划、有安排、有组织地进行职业教育培训；二是从生产、工作第一线引进高素质的专业人员；三是制定有利于引导教师向“双师型”方向发展

的政策措施。提出兼职教师队伍建设是学校必须长期坚持的一项建设任务。兼职教师是我院教师队伍不可缺少的组成部分，本着“用人不养人”的精神，加强兼职教师队伍建设，以适应人才培养和专业变化的要求。做好规划、探索机制，并通过制定政策加以落实。

下大力气狠抓师资队伍的引进和培训工作。1999—2003 年，学校采取选送青年教师参加在职研究生学习，到有关院校进行单科进修提高及出国进行短期技术交流和进修，制定对获得硕士学位或本科文凭的教师给予报销学费的鼓励政策等措施。积极做好 2002 年高校教师资格认定工作。到目前，学院先后送出教师 30 余人次进行各类短期培训，20 余人次出访美国、日本、芬兰等国家进行短期学术交流与进修，有 10 位教师通过进修获得硕士学位（8 位教师在读硕士研究生）。2003 年专职教师有 169 人，其中教授、副教授 26 人；中级职务 61 人，初级职务 58 人；研究生（含在读）30 人，大学本科 90 人，普通专科以下 27 人；35 岁以下 82 人，36~45 岁 49 人，46~54 岁 29 人，55 岁以上 9 人。上述措施，让教师队伍的结构发生变化，形成良好的梯队结构，促进了学院教育质量的提高。

“双师型”教师正在上课

2001 年 8 月 6 日，学院利用暑假召开了工作会议，院领导、教研室副主任以上干部参加了会议。会议讨论和修改了《教师培训管理办法》《教师课酬分配办法》《教学部门经费部分包干方案》和《学院工作主体逐步搬迁新校区方案》。时任院党委书记、院长黄仁才同志在会上发表了重要讲话，认为没有“两扩”（扩大办学规模、扩大基建规模）的稳妥推进，学院的可持续性发展便是“水中月”“镜中花”，只是纸上谈兵的空话。全院广大教职员工对“两扩”的理解、支持和无私奉献精神，便充分表明“两扩”已深入人心。通过“两扩”，使学院从教育部千人以下规模的院校名单中消失；通过“两扩”，使学院在占地、建筑面积等“硬件”上有了质的飞跃，从而在大多数指标上达到了教育部颁布的办学条件标准，这就是“两扩”带来的直接成果。

烹饪专业教师撰写的教材在全国产生了很大影响，成为“楚菜”理论奠基基石

（三）科研和教材建设得到进一步加强

学术水平的高低是学校整体水平高下的重要标志。学院坚持以科研促进教学，通过教学与科研的相互促进和提高，推动产学研的结合，确保高等职业教育质量，体现高等职业教育特色，使高等职业教育能够持续、健康、稳定地发展。学校一直重视科研与教材建设工作，采取各种措施，积极支持和鼓励教师参与教材建设。据统计，1994 年以来，学院共有 10 人主编和参编专著，共计 16 部，其中主编的专著有 8 部；有 24 人编写教材和教学大纲，共计 34 部，其中主编的有 20 部；在校外各种报刊上发表论文共计 282 篇（49 人次），美术作品 56 幅（9 人次），新闻、翻译作品、科技应用等各类文章共计 52 篇（16 人次）。为鼓励教职员工积极参加科研，学校编发内部刊物《教学研究文选》，共刊登了学院教职

工各类学术文章 190 篇。2001 年，学校申请将《教学研究文选》由内部图书改为内部资料《武汉商业服务学院学报》(季刊)，每年出版四期。学报在全国范围内发行、交流，增强了学院与其他院校之间的学术交流。同时，学报还刊登了部分校外来稿。2000 年，学校为进一步加强对科研工作的管理，成立了科研处，职业教育研究所与科研处合署办公，健全了学院科研机构，加强了教育科研工作的组织和管理。

第三节 加强顶层设计
改善学校办学条件

一、制订学校建设与发展规划

2001年2月，学校教代会第三届第三次会议讨论通过了《武汉商业服务学院“十五”发展规划》，“十五”发展规划，总结了“九五”期间的成绩，绘制了学校2001—2005年发展的蓝图。它的实施，对进一步统一教职员工的思想认识，明确奋斗目标具有重大作用。

学校“十五”发展规划明确提出办学指导思想：高举邓小平理论的伟大旗帜，按江泽民同志“三个代表”的要求，以党的基本路线为指导，认真贯彻落实《中国教育改革和发展纲要》，进一步转变教育思想，更新教育观念，坚持高等职业教育的发展方向，强化素质教育，以教学改革为核心，以提高教学质量和办学效益为重点，走内涵发展的道路，坚持特色，深化改革，严格管理，改善条件，办成一个规模适度、特色鲜明、质量上乘、环境优美、有一定知名度和美誉度的高等职业学校。遵循坚持规模、质量、结构、效益协调发展；坚持实事求是，艰苦奋斗；坚持以提高职工生活水平为根本出发点，职工收入达到同类学校平均水平的原则，在改革中求发展，在发展中求提高，使学院步入可持续发展的良性循环轨道。

“十五”期间的奋斗目标和主要任务是：

一是调整教学结构，稳步扩大规模。到2005年，全日制在校生4500人；力争自办或共建等形式，发展培养中等职业教育师资的本科专业；中专教育逐步过渡为“五年一贯”制，列入大专编制；毕业生就业推荐率稳定在1∶2以上；各类成人教育在校生800~1000人。

二是调整系部结构，搞好专业建设。专业建设上成立专业管理委员会，选聘专业负责人，每个系部建设 1~2 个特色专业，重点建设制冷与空调、烹调工艺两个省级教育教学改革试点专业，建立省、市、校三级重点专业体系。

三是搞好师资队伍建设，完善师资结构。力争到 2005 年，师生比达到 1 ∶ 15，教师及其他专业技术人员占全院事业编制的 80%。教师引进逐步以研究生学历为主，青年教师在 5 年左右的时间取得硕士研究生学历或学位，具有硕士研究生学历或学位的教师达到教师总数的 30%，高级职务教师占教师总数的 25% 以上，“双师型”教师占专业基础课和专业课教师总数的 90%。

四是加强教学实验、实习、实训基地建设，强化学生动手能力。建设好烹饪生化、电子电工等重点实验室，按专业大类组建实习、实训基地，探索建设教学科研、生产、培训相结合的实训基地。

五是坚持产学结合，密切与企业的联系。认真办好与家乐福超市公司的共建专业，大力推进与产业界以及科研院所的合作，力争在企业建立实习基地。

六是加强教研和科研工作，重视教材建设和图书建设。建立学术委员会，鼓励教师积极承担教研和科研任务，加强学科学术梯队建设。2003 年完成省高校重点科研课题《高等职业教育师资队伍建设的研究》。教材建设要突出高等职业教育的特点，图书总量和结构要适应专业发展的需要，加快图书信息系统现代化建设的步伐。

七是落实校园建设规划，改善办学条件。

八是坚持对外开放，拓宽对外交流的领域。巩固与日本、芬兰建立友好关系学校的交流与合作，寻求新的合作伙伴，开展形式更丰富的交流与合作。

九是全面深化内部管理体制改革，实现机制创新。逐步理顺新老校区管理关系，坚持“两级管理，系为基础”，实行部门利益与办学效益挂钩，进一步向系部放权。以人事分配制度改革为突破口，带动学院其他改革。认真执行全员合同聘任制，实行竞争上岗。认真贯彻全国高校后勤改革会议精神，逐步“理顺关系、明晰产权、细化管理、增加效益”完成第二阶段改革目标，加入本地区高校后勤集团。

十是加强精神文明建设，提高师生思想素质。坚持用邓小平理论武装师生头脑，坚持不懈地开展党的基本理论和基本路线教育，培养教职工爱校、敬业、奉献精神；加强校园文化建设，增强校园人文气息。加强勤政廉政建设，深入开展反腐败斗争。

二、加强基础设施建设，改善办学条件

根据全国教育工作会议精神，为适应第三产业的发展，加快学校建设和发展，学校努力改善办学条件，提高教学质量，增强竞争能力，全面促进办学水平的提高。1996 年 12 月，学校在武汉经济技术开发区沌阳街薛峰村征用教育用地 150 亩扩建新校园，同时与沌阳街薛峰村达成协议，由薛峰村提供土地 50 亩，共建新校区学生生活区，共征用土地 200 亩。经有关主管部门的同意，委托中南建筑设计院对学院新校园基本建设进行了总体设计，到 1998 年上半年，学院整体设计规划就绪，并报上级主管部门批准。1998 年 8 月至 1999 年 11 月间，武汉市计委先后批准学院新校园的扩建工程立项，学院扩建工程第一期工程的初步设计方案，同意学院扩建工程开工计划。1999 年 11 月，学院开发区校区扩建工程正式开工建设。学院开发区扩建工程，经过近两年的艰苦施工，至 2001 年 10 月一期工程竣工，完成了教学楼（7200 平方米），图书馆（5000 平方米），实训楼（4000 平方米），市政设施、供水供电、教学网络、污水处理、运动场区平整、配电房、制冷机房、篮球场、排球场等项目的建设和校园绿化。学院可容纳 3000 名学生就读，总投资 3660 万元。

学校向薛峰村征地签字仪式

学院新校园扩建项目，受到武汉市政府、市商委和有关部门的关心与支持，并列入武汉经济技术开发区 1999 年“十大建设项目”之一。时任武汉市副市长李宪生同志多次到学校考察指导工作，安排投入大量资金修建了自来水管道，解决了新校区饮用水问题，使新校区的建设得以顺利进行，并按期投入使用。

新校区奠基仪式

2000 年 9 月，开发区校区投入使用，学院成立新校区综合管理办公室，1200 余名学生入驻新校区学习，经过一年的运行，为学院的整体搬迁打下了基础。2001 年 10 月下旬，学院整体搬迁工作开始。为了顺利开展学院整体搬迁工作，学院专门成立了搬迁工作领导小组，统一领导、指挥、协调搬迁工作。在搬迁中，学院教职员工树立大局意识，克服困难，联系车辆，组织劳工，不计得失、不讲条件、任劳任怨地开展工作，以相对低廉的费用完成了搬迁工作，并妥善地保护好学校的财物，避免了发生财物毁损和流失现象。学院自建校以来，一直在汉阳校区 36 亩土地上办学，占地面积、建筑面积、学生规模等方面长期不能得到扩大，制约了建设与发展。开发区校区建成投入使用，在很大程度上缓解了过去的压力和制约。教学基础设施、办学条件得以明显改善，招生计划得以顺利执行，办学规模有了较大发展，教学实习、实训场地充足，教学质量有了实质性的提高，为学院长期、稳定、持续、健康发展打下了良好的基础。

整治校园治安秩序，确保一方平安。随着新校园的建成投入使用，各类治安问题和不稳定因素偶有发生，加之校园内人员情况复杂，周边又是农村，各种治安问题和潜在的不稳定因素客观存在，因而及时、大力整治校内及周边环境、秩序就显得尤为必要和紧迫。为此，学校会同派出所等各有关方面，采取切实有效的措施，建立村、校负责人联席会议制度，不定期举行座谈，互相通报情况，互相支持，协同配合开展工作；建立治安联防领导小组，组成人员有学院分管领导、有关部门负责人、村治保主任、派出所人员等，做到组织落实；学校把清理学生校外租住民房的行为纳入校规校纪管理范畴；加强门卫管理，建立校门出入管理制度。在周边派出所的支持参与下，校内民工、施工人员等重新进行登记，办理暂住证，发放凭证；学院学生亦凭证出入；实行校外人员、车辆进入校内登记制度。“打防结合，预防为主”，全面落实社会治安综合治理的各项措施。

崭新的宿舍楼

崭新的教学楼

三、图书馆馆藏图书资料及实验室（实习基地）建设

武汉商业服务学院图书馆建于 1988 年 5 月，前身为武汉市第二商业学校图书资料室，建馆初期图书馆总面积 1506.60 平方米，馆藏图书 71541 册，其中，烹饪专业图书资料 6105 册，商业经济图书资料 2895 册，摄影专业图书资料 1187 册，美容美发图书资料 766 册，制冷专业图书资料 757 册。图书馆馆藏图书资料的结构，反映了学院图书建设以饮食服务类为主、兼顾其他的专业特色。

2000 年 9 月，武汉商业服务学院新校区（武汉经济技术开发区校区）图书馆落成，建筑面积 5145 平方米，阅览室座位 418 个，图书馆设有馆长室、馆办公室、采编部、流通部、书刊阅览部、信息咨询部。新馆内设中央空调系统，馆舍条件极大改善，功能更加齐备，图书资料大幅度增加，馆藏图书丰富，藏书量达 100878 册。

为加快图书馆现代化服务手段的建设，加快图书馆自动化、网络化、数字化建设的步伐，学院购置了三十余台电脑，设置电子图书室；提高文献信息资源利用的深度和广度，初步奠定数字化图书馆的基础。2003 年 4 月，图书馆计算机检索系统正式开通，大大提高了图书的检索效率，提高了图书资料的利用率。图书馆先后与日本大分市城南高校进行三次图书交换，回赠日本料理方面等 13 种图书。与国内 73 所职业院校 30 所商业部属院校、23 所商业中专学校及全国、省、市的图书馆等 10 个单位建立了图书资料交换关系，并成立学校图书情报工作委员会。学院加强实验室（实习基地）建设，提高学生动手能力。加强实验教学是高等职业技术教育的重要环节，是提高学生动手能力的关键。建校以来，学校克服办学经费不足的困难，积极创造条件，加强教学基础设施建设，努力改善办学条件。积极争取省市有关部门的支持，调集有限财力和资源，加大教学设施设备的投入。建设一批能基本满足教学需要的实验室等教学实验场所，同时，积极探索建设校外实习基地建设。

（一）实验、实训室建设取得新成果

1985—1995 年，学校教学实验、实训场所仅有综合实验楼一栋（建筑面积 2618 平方米）和设在教学楼内餐厅服务实习室、烹饪实习室、摄影实习室、语音室、计算机室等基本的实验场地。随着办学规模的扩大，1997 年 2 月，在财力十分有限的情况下，学校投资 120 余万元，建成烹饪教学实验楼，建筑面积

1019平方米，改善了烹饪专业实习的条件。2000年10月，完成5000平方米的实训楼建设，同时学校制定了《学院教学试验实训室建设规划》，先后投资220万余元兴建了电子电工试验室、机械精工实训室、制冷与空调实训室、形象设计实训室、艺术摄影实训室、多媒体投影室、电教中心等11个教学、实习场所。改建了烹饪科学基础实验室、烹饪标本及设备陈列室等。教学室、实习室及实训室的条件得到了较大的改善。

（二）紧密依托行业，建立校外教学实习基地

为努力提高学生的专业实验能力和综合技术运用能力，不断改善实训教学条件和实训教学方法，学院建立和发展了一批相对稳定的校外实习基地，使职业能力训练更贴近实际。学院在武汉地区建立了数十个较稳定的社会实习基地，与全市有影响的武商、中商、汉商等集团，家乐福汉福超市、湖北三五醇酒店等企业建立了联合办学关系。与行业建立了专业委员会，聘请了一批“中国烹饪大师”“国家高级技师”等担任兼职教师或客座教授。学院在不影响教学质量的前提下，加强对学生教学实践环节的调整，使教学实践尽量相对集中，以适应企业的需要。武汉“小蓝鲸”、北京“九头鸟”等餐饮企业和上海“美丽田园”美容化妆品公司等，经常成建制地接受学生实习。1999年4月，为加强实践教学环节，培养学生动手能力，提高学生的维修操作技能，学院与武汉市天元制冷设备有限公司签订实习培训协议。“春兰”空调的特约维修站在学校实习中心建成。学校、社会两个课堂，两种类型的教师，两种学习方式，较好地促进了“产”“学”结合。

第四节　推进民主办学
扎实开展精神文明建设

一、加强干部队伍建设，深化人事制度改革

（一）人事制度改革

2000年5月27日，根据《武汉市事业单位实施全员合同聘任制暂行办法》（武政办〔1997〕58号）和《武汉市事业单位实行全员合同聘任制的若干意见》（武人〔1999〕58号）精神为深化学校人事制度改革，保障学院教职工的合法权益，加强对学院实施合同聘用制的管理，制定了《武汉商业服务学院实行全员聘任制实施方案》，院第三届教代会第二次会议审议通过了《武汉商业服务学院实施全员合同聘用制暂行办法》。为全面组织实施全员合同聘用制工作，学校成立了全员合同聘用制领导小组及办公室。事业单位实行全员合同聘用制是单位法定代表人与其职工通过签订聘用合同，实现契约管理，以法律形式确定和规范聘用关系的一种新型人事管理制度，是社会主义市场经济体制发展的必然要求。全校247名教职工与学院法人签订了聘用合同《武汉市事业单位全员聘用合同书》。

（二）内部管理体制改革

2001年10月，学院办学主体迁往开发区校区，汉阳校区成为相对独立的办学单位。为加强对汉阳校区中专教学的有效管理，学院调整了武汉市第二商业学校的领导班子，同时组建了教务科、学生科、办公室等内部机构，成立了汉阳校区管理办公室，负责对汉阳校区教学、工作、生活的统筹管理，为进一步

扩大办学效益作出了积极的探索。2002 年 3 月，为推进学校的整体改革，强化竞争机制和激励机制，增强办学活力，提高办学质量和办学效益，学院在后勤服务公司责任承包的基础上，对汉阳校区中专部和成教处（培训处）实行责任承包。责任承包制的重要措施，体现了“自主办学、费用包干、自负盈亏、自我发展”的精神，通过改革进一步调动了广大教职工的积极性，促进思想观念的转变，提高了工作质量和工作效益。

（三）中层干部竞聘上岗

为进一步优化学院干部队伍结构，建立充满活力的干部管理机制，调动干部队伍的积极性，提高管理水平和工作效率，规范干部竞聘上岗工作，2002 年 12 月 26 日，学校制定了《武汉商业服务学院中层干部竞聘上岗实施办法》。这次竞聘上岗的范围包括学院党政职能部门、教学系部及图书馆等部门的正、副职岗位（不含纪委、组织人事部、工会、团委及后勤服务公司）8 个。学院共有 23 人报名参加竞聘，中层干部竞聘工作经学习动员、组织报名、资格审查、竞聘演讲、组织考察和任前公示与任命（聘用）等步骤，经党委批准有 4 人走上新的领导工作岗位。

2000 年 10 月 26 日，武汉市机构编制委员会（武编〔2000〕72 号）同意学校设置院长办公室（党委办公室）、组织人事部、学生工作部（招生毕业办公室）、纪律检查委员会（监察审计处）、教务处、总务处、科研处（职业技术教育研究所）、成人教育处（培训处）、财务处、保卫处、离退休干部工作处、团委、工会、图书馆、烹饪系、经管系、旅游系、应用艺术系、基础课部等内设机构。核定事业编制 300 名，其中，院长（党委书记）1 名，副书记（纪委书记）1 名，副院长 3 名，正处级领导职数 20 名，副处级领导职数 17 名。2000 年底完成后勤体制改革任务，实现后勤服务职能、人员的剥离。

（四）党风廉政建设

党风廉政建设工作是全党工作的重要任务，是推动政治文明建设、经济发展、社会进步的重要保证。校党委对党风廉政建设十分重视，坚持以邓小平理论和党的基本路线为指导，认真贯彻党中央、国务院关于党风廉政建设的各项规定和中央纪委历次全会的精神，加大党风廉政宣传教育力度，抓好领导干部廉洁自律，提高领导干部拒腐防变能力，推进了学院党风廉政建设。抓好党风廉政宣传教育。学校认真组织党员干部深入学习《中共中央关于加强和改进党的作风建设的决定》精神，认真组织开展党风廉政建设宣传月以及党风廉政知识竞赛等活动，积极开展正面典型示范教育和反面典型警示教育，观看武汉市反腐倡廉警示教育片，收看《公仆本色》《警钟长鸣》等有关党风廉政建设宣传教育片，严格执行《关于对党员领导干部加强监督的若干规定》《关于实行党风责任制的若干规定》，大力开展党性党风教育。加强党风廉政建设责任制建设。1999 年制定了《关于实行党风廉政建设责任制的实施意见》。认真开好廉洁自律民主生活会，开展批评与自我批评，做到讲真理，不讲面子；讲原则，不讲关系；讲党性，不讲私情。2001 年 6 月为巩固“三讲”教育成果，加强学校领导班子党风廉政建设，努力提高领导干部拒腐防变能力，颁布了《关于落实“三讲”教育整改意见，加强领导干部廉洁自律的有关规定》，制定并执行了学院通信工具管理制度、公款安装住宅电话及配备移动电话制度，以及电话费限额、超额自负等规定，控制公款吃喝、实行公务活动接待规定，以及落实财务“收支两条线”等规定。2002 年 4 月，学校与各部门负责人签订了《党风廉政建设责任书》，2003 年制定了《党风廉政建设责任目标管理》，把党风廉政建设工作纳入目标责任管理，落实到责任人，并建立副处级以上干部廉政档案，同时加强对各部门经费的管理；规范学院招生收费工作，对群众关注的问题和领导干部廉洁自律等情况进行专项治理，严格查处违纪违法案件，1 人受到开除党籍和行政降级处分。认真履行监察和强化监察的职责。加强了对管理人、财、物的部门和群众关注的问题进行监督，严格内部审计，参与学校干部人事改革和基建工程项目的招标，大宗物资、设备采购的招标和公费医疗的报销工作，参与学院财产清理和固定资产报废的认定等工作。

为了贯彻落实“三个代表”重要思想，健全和完善以教职工代表大会为基本形式的民主管理和民主监督，促进依法治校和党风廉政建设，2002 年 4 月 24 日，制定了《关于实行校务公开的实施办法》，成立了校务公开领导小组，对学校事业发展规划、学校重大改革方案、干部和职工的聘任、职称评定、学院财务执行情况以及招生、重大基建项目和设施添置等问题，努力做到政策公开、过程公开、结果公开，发挥好监督制约作用。

（五）切实做好离退休干部工作

建校初期，离退休干部人数不多，学院未设立专门的工作机构，离休干部工作由院党委办公室管理，退休人员管理工作由人事科管理。1995 年，学院机构精简，离退休干部人员管理工作由党务工作部管理。随着学院离退休干部人员的逐年增多，2001 年，学院成立离退休干部处，全面负责离退休干部的管理工作。

1986 年以来，学院坚持贯彻老干部“基本政治待遇不变，生活待遇略为从优，并注意很好地发挥他们的作用”的原则，认真抓好有关文件的学习，积极开展丰富多彩的老同志乐于接受的文娱、体育、保健活动。根据老干部的实际，开展调研活动，逐步实现了老干部管理工作的科学化、规范化。一是认真组织时事政治学习，落实政治待遇。学校坚持组织生活制度，采取自学与集中学习相结合，参加专题报告会与组织座谈会等形式，组织有关文件的学习，开展学习十六大知识竞赛等活动。学院在各项重大改革工作中，主动请老同志到校座谈，听取老同志的意见和建议。学院历届教代会都邀请老同志列席，使他们及时了解学院的建设和发展情况。同时加强离退休党员的教育和管理，成立了离退休党支部。二是落实离退休干部的生活待遇。学院积极做好离退休干部的生活服务工作，组织十余批离休干部参观旅游，坚持逢年过节、生病住院上门慰问看望，为离休干部申领护理费，订阅《老年文汇报》，为退休干部办理老年优待证，组织健康体检。建立每周接待日，做到来访有记录、来信有登记，妥善处理老同志反映的问题。三是积极开展形式多样的文体活动。建立老干活动室，每逢中秋节、重阳节、教师节、春节等重大节日，学院都组织老同志进行参观、座谈等活动，先后参观了武汉现代生态农业园、神龙汽车生产流水线，游览江城新景观，组织参加市十九届老年人运动会中国竞技麻将比赛，老干部门球比赛等活动，通过这些活动的开展，增进了友谊，扩大了交流，丰富了他们的晚年生活。

二、积极推进民主办学

（一）召开第三届教职工代表、工会会员代表大会

2000 年 1 月 21 日至 22 日，召开第三届教职工代表、工会会员代表大会。会议审议并通过《院长工作报告》《武汉商业服务学院一九九九年财务工作报告》《武汉商业服务学院第二届工会工作报告》《武汉商业服务学院第二届工会财务

工作报告》。会议还选举产生了新一届院工会委员会委员。2000 年 3 月 21 日，武汉市总工会商业工作委员会（武商工〔2000〕4 号）同意组建武汉商业服务学院第三届工会委员会、经费审查委员会。2001 年 1 月 12 日，召开了武汉商业服务学院第三届教职工代表大会第三次会议，这次会议的主要任务是：审议《院长工作报告》《武汉商业服务学院“十五”发展规划》，听取《武汉商业服务学院财务工作报告》，会议确定当前和今后一段时间，学院的中心任务和工作重点就是要更进一步发扬艰苦奋斗的优良传统和作风，以新校区的投入使用为契机，进一步加大建设力度，改善办学条件；扩大办学规模，把学院的教育事业推向更新、更高层次。2003 年 1 月 19 日，召开了武汉商业服务学院第三届教职工代表大会第五次会议，大会审议和通过了《学院工作报告》、听取并审议学院《财务工作报告》，这次大会的重要任务就是要按照“发展要有新思路、改革要有新突破、开放要有新格局、各项工作要有新举措”的要求，进一步扩大办学规模，努力提高办学质量；进一步深化人事分配制度改革，落实“精机关、强系部、活后勤”的管理格局，扩大系部办学自主权；稳步推动学院各项工作向更深发展。

（二）大力推进民主建设、突出工会工作的特色

工会先后参与了学院《关于计划外办班的管理办法》《教师职务聘任试行办法》《行政部门规章管理制度》《教职工医药费用管理的规定》《教师工作量及课时补贴试行办法》等文件的制定。与此同时，还参与了学校、人事、机构、医疗、房改、教学、管理、服务等重大调研和决策工作。及时反映教职工的意见、要求和呼声，以各项改革措施体现教职工总体收益和实际承受能力的原则，较好地激发了教职工当家作主、参政议政的责任感，推进了学校民主建设。院工会紧紧围绕学校的中心任务开展工作，采取多种形式，开辟多种渠道，创造各种有利条件；强化参与和全方位为教育教学服务。先后组织开展了“以教书育人、管理育人、服务育人”为目的的“优秀青年教师”等评选活动。坚持四项基本原则教育、爱国主义教育、民主与法制教育、“四自”教育等，组织开展《企业法》《双基教育》《劳动法规教育》等知识竞赛活动，制定了职工工作生活补贴制度等，定期或不定期对 298 人发放了困难补助，金额达 1.1 万元。坚持开展职工生病住院或家属伤亡等情况的上门探望慰问，组织动员教职工为个别特困教工和灾区人民进行捐款。丰富教职工的文娱活动，组织开展羽毛球、篮球、乒乓球、

围棋、象棋、舞会等多种形式的文体活动，这些活动的开展，既促进了教职工身心健康，又推动了学院精神文明建设。维护女教职工的合法权益。学院成立了女教职工委员会，加强了对女教职工工作的领导。组织女工干部到有关院校深造，提高了女工干部的政治业务素质，在女教职工中广泛开展了“四自”教育，还根据女教职工的特点，先后举办了“家常菜示范课”“摄影知识讲座”“毛线编织比赛”“女能人”评选等活动。坚持了女教职工两年一次的“妇检”工作。每年“三八”妇女节，坚持召开女教职工代表座谈会。

三、开展丰富多彩的精神文明创建活动

长期以来，学院始终加强和改进思想政治工作，抓紧教职工理论学习不放松，并把它作为加强思想政治工作的重要内容抓好抓实。

（一）狠抓教职工理论学习

近年来，通过举办理论培训、专题讲座、辅导报告、参观学习、声像教育等多种形式的理论学习，使全院教职工理论学习向纵深发展，并长期坚持下来，逐步形成制度化。注重抓好中层干部、青年干部、青年教师、支部书记和入党积极分子的理论学习培训，以学习马列主义、毛泽东思想、邓小平理论和党的十四、十五、十六大精神，“三个代表”重要思想等为主要内容，坚持多层次、多形式、广角度开展学习培训活动，提高了干部职工的思想理论素质。

（二）积极开展师德教育

校党委十分重视师德教育，制定下发了一系列关于师德教育的文件和办法，强调从抓教风入手，把师德教育作为重点来抓。广大教师勤奋敬业，乐甘清贫，在三尺讲台上奉献，把“学高为师，德高为范”视为人民教师自觉遵奉的圭臬。积极组织广大教职员工学习“三个代表”的重要思想，进一步加强校风校纪建设，强化师生的思想道德教育。学院还先后组织党员干部、教师等观看《生死抉择》，参观《红岩魂》展览，观看反腐倡廉警示教育，促进教职工思想道德素质的提高。坚持以“三讲”教育为契机，狠抓领导干部思想建设、作风建设，推动师德教育深入开展。学院还建立了教学联系点制度，领导和干部深入基层，深入课堂，深入师生中间，充分听取师生关于加强师德建设的意见和建议，对存在的问题

及时解决。通过狠抓师德建设，学院形成了团结友爱、助人为乐、忠于职守、勤勉敬业、崇尚先进、积极进取的健康向上的良好氛围。

学校运动会

建校四十周年庆典

（三）切实抓好精神文明建设

依靠和发动广大师生员工深入积极地开展了一系列丰富多彩、形式多样的精神文明创建活动。组织开展了诸如职工棋牌赛、门球赛、篮球赛、乒乓球赛等一系列活动，在全院教师中开展五项技能竞赛活动。2002 年“七一”前夕，举办了“颂歌献给党”教师百人歌咏比赛。通过开展丰富多彩的活动，极大地丰富了师生员工的业余文化生活，增强了凝聚力、向心力，教师们在活动中增长了才干，得到了锻炼，对正常的教育教学工作产生了积极的推动作用。

深入揭批“法轮功”，拒绝邪教入校园。2001 年 2 月 10 日，学校召开了副处以上干部、直属科（室）负责人会议，学习传达了上级文件精神，要求在全院师生中进行宣传教育，与“法轮功”组织作斗争。校党委强调，全院师生要高度认识“法轮功”问题的严重性、复杂性、长期性和艰巨性，要有鲜明坚定的政治立场，时刻与党中央保持高度一致。随后，全院师生迅速掀起了抵制“法轮功”，拒绝邪教入校园活动，并组织了签名活动。在这场斗争中，全体师生都自觉地与中央保持一致，并接受了一场“崇尚科学，反对迷信”的生动教育。

推崇先进，学习典型。长期以来，学校形成了学先进、比先进、争先进的良好传统。党委宣传部门认真组织全院师生学习先模人物，开展立足岗位作贡献活动。孔繁森、李先盛、吴天祥等都成为不同时期学习的榜样。学院坚持每两年开展一次教书育人、管理育人、服务育人“烛光奖”评选活动，刘念清、余玉玲、王军、鄢耀来、潘冬潮、张源、陈光新、倪新、李松林、杨勇 10 位同志荣获学院“烛光奖”光荣称号。刘念清、曾凡琪、郝梅等同志先后被武汉市授予劳动模范荣誉称号。开展丰富多彩的校园文化活动。从 1990 年开始至今，学院举办了十三届文化艺术节和五届“新枫”读书节，内容包括文艺汇演、民族音乐会、舞台剧表演、新生笔会、世纪论坛、辩论赛、中华读书经典赏读等，每届活动都有不同的主题和内容。通过系列活动的开展，同学们健娱了身心，陶冶了情操，把校园精神文明创建活动不断推上新台阶。

第五节　强调规范管理
以教学为中心、以学生为主体

建院以来，学校本着教学是中心、学生是主体的指导思想，努力加强学生管理工作，并以“一切为了学生，为了学生的一切，为了一切学生”来真正体现学生主体地位，加强对大学生素质教育与管理。与此同时，不断建立和健全学生管理制度，完善机构，充实人员，使学生管理工作和制度建设不断迈上新台阶。

一、学生管理和辅导员队伍建设

1986年以来，学生的管理工作主要由学生科负责，随着学院办学规模的逐步扩大，1994年，学院成立了学生处，兼招生就业和学生日常管理职能。为进一步加强对学生的管理工作，2000年4月，成立了学生管理办公室，为学校直属科室。将原学生处的学生管理职能进行剥离，由学管办履行该职能。学生处（招生就业指导办公室）专司招生与就业指导工作。迁往武汉经济开发区新校区后，为了进一步规范学生管理工作，加大学生管理工作力度，2000年，成立了学生工作部，由院党委直接领导。在学生管理机构设置与调整的同时，学院始终抓紧学生管理制度建设不放松。除教育行政主管部门颁行的学生管理制度规定外，相继制定实施了《关于在全院推行班集体规范化管理的实施方案》《学生操行考核评分标准》《武汉商业服务学院奖学金发放办法》《系部学生工作主要职责》《关于对几种严重违犯校纪校规行为处理的暂行规定》《学生班级考核指标及评分标准》等一系列规章制度，对于全面加强学生管理工作，促进学生管理水平的提高起到了积极的推动作用。学院还结合自身实际，在全院推行文明班级、文明寝室活动，用量化的办法进行考核和评比。成立学生自我管理组

织机构，充分发挥学生骨干和积极分子的作用，培养他们自我教育、自我管理、自我服务、自我约束的能力和自觉性，努力为社会主义建设培养合格的人才。辅导员工作队伍建设。为了使学生管理工作重心落到实处，学院建立了一支数量、结构适度的专、兼职辅导员（班主任）管理队伍。1995 年，学院颁布实施了《武汉商业服务学院班主任工作管理条例》。2000 年 7 月，《武汉商业服务学院专职辅导员（班主任）管理办法》公布实施。通过加强辅导员队伍和制度建设，使学生管理工作呈现良好的局面，也促进了良好的校风和学风的形成。

二、招生与就业指导工作

学院的招生与就业指导工作，从建院初期至今 17 年间，学院采取强有力的措施，逐步改革和完善招生办法，积极扩大招生规模和招生范围，努力提高和保证生源质量，经历了三次较大的飞跃：1986—1993 年，招生专业 2~5 个，招生规模 77~174 人；1994—1999 年，招生专业 5~12 个；招生规模 174~488 人；2000—2003 年，招生专业发展到 20~22 个，招生规模 901~1061 人，招生地区涉及山东、新疆、海南、河南、广东、浙江、福建、江苏、辽宁、四川等 14 个省。2002 年普通专科招生首次突破千人，达到 1061 人，在校生规模达到 3000 人，艺术类招生首次在外省开展。学院毕业生就业工作经历了国家由计划经济向市场经济转型时期，即毕业生就业经历了由推荐就业到进入市场，开展双向选择、竞聘上岗的市场化运作的发展历程。

長江日報

CHANGJIANG RIBAO

国内统一刊号：CN42—0002

1990年

1月6日

星期六

己巳年十二月初十

第14831号

武汉地区天气预报

多 云

偏北风 3～4 级

最高温度：12℃

最低温度：1℃

操勺可做菜 握笔能著文

本市首届商业服务大学生奔赴岗位

新年岁首，武汉商业服务学院６５名８６级应届毕业生，陆续奔赴工作岗位。这是我市培养的第一批商业服务行业的大学生。

这个学院此次毕业的学生为中国烹饪和饮食服务企业管理两个专业，许多毕业生分配在烹饪和饮食服务业第一线工作，成为“操勺能做菜，握笔能著文”的智力型厨师和饮食服务行业的多面手。中国烹饪专业毕业班３０余名学生尚未毕业，便被用人单位一抢而空。饮食服务企业管理专业的学生也很受欢迎。

据统计，我市目前有商业服务职工２０余万名，但具有大专以上文化程度者不足０·９%，文化素质偏低，成为阻碍经营水平和服务质量提高的主要因素之一。为了从根本上改变这种状况，1986年经市政府批准，国家教委备案，在原武汉市第二商业学校的基础上，组建了武汉商业服务学院。经过３年多的发展，目前已开设了２０余个大、中专专业，学生人数达12００余名。

《长江日报》对学院毕业生报道

第一阶段（1986—1993 年）：1985 年，武汉市人民政府正式批准学院设立，当年无开办专业，也没有招生。1986 年，学院首次开设两个大专专业，当年招生 77 人。至 1993 年学院招生专业由 2 个发展到 5 个，招生人数也由最初的 77 人发展到 174 人，开设了普通专科 21 个班，招收学生 771 名；1985 年至 1993 年开设中专班 39 个（含职业中专、职工中专、校外中专班），招收学生 1656 名。1993 年计划招生的专业和学生数分别是：大专，中国烹饪专业 40 人，餐旅企业管理专业 35 人，商业经营与管理专业 35 人，商业经营与管理专业（公共关系专门化）35 人，制冷与空调专业 35 人，共计 180 人；中专班、厨师等 7 个班，学生 240 人。学院的不少专业，均属饮食服务业的特殊专业，对学生自身身体素质有着严格的要求。1993 年，经武汉市招办批准，对专科层次中国烹饪、中专层次的厨师、面点工艺、餐旅服务与管理 4 个专业先行进行体检复查和目测，提前录取，未被录取的学生，不影响填报其他学校的志愿。目测的合格标准是：（1）五官端正，身材匀称；（2）男生身高 168 厘米、女生身高 158 厘米以上；（3）裸眼视力 4.8 以上。体检复查根据普通高等、中等专业学校体检标准进行，对肝功能提出了特别的要求。这一举措的实施，有利于保证生源质量，有利于教学质量的提高，有利于进一步满足社会需要。

第二阶段（1994—1999 年）：学院招生专业由 5 个发展到 12 个，招生人数也由 1994 年的 224 人发展到 488 人，招生人数首次突破 200 人，在校生总人数扩大到 1409 人的规模，实现跻身千人以上规模学校的行列。从第二阶段的发展状况来看，学院的教育事业发展已经初具规模。这主要体现在两个方面：一是招生载体——专业发展水平有了较大提高，专业建设步伐明显加快，在淘汰旧的专业的同时，一批适应社会经济发展要求和市场需求的新兴专业得以建立，从而为学院办学规模的扩大提供了保障；二是招生范围进一步扩大。学院自批准设立以来，一直面向武汉市行政区域范围内招生，无市外招生计划。20 世纪 90 年代，学院实现了招生范围的突破，除主要面向武汉市招生的同时，招生范围扩大到全湖北省。招生地域的延伸，为学院办学规模的进一步扩大提供了生源保障。

第三阶段（2000—2003 年）：学院的招生专业（含专门化方向）由 20 个发展到 31 个，招生人数也由 969 人增加到 1400 人。2003 年招生计划完成后，全院在校生达到 3285 人的规模。这一时期是学院发展速度较快的时期，归结起来，有三个方面为学院的发展提供了先决条件和保障：一是专业建设力度进一步加大。在调整和优化专业结构的同时，学院不断加大专业建设力度，一大批适应新形势发展要求的专业得以设立，加上新开办的专业，学院专业总数达到三十余个。二是新校建设工程的竣工投入使用。占地面积、建筑面积长期偏小是制约学院规模发展的瓶颈。1999 年，开发区新校正式动工建设，2000 年，一期工程投入使用，首批在校生进驻新校。新校区一期工程为学院的规模发展奠定了强有力的物质基础。三是招生范围进一步扩大。1999 年，学院首次面向山东省招生，当年山东省招生计划为 40 人，实际经追加计划完成了 60 人，实现了向全国招生的零的突破。之后，学院在全国的招生省份不断增加，到 2003 年，面向全国招生的省份包括湖北省在内已达到 14 个。

2002届商经班毕业合影

就业和就业指导工作，高校毕业生就业是学院工作的一个重要方面。长期以来，学院十分重视毕业生就业推荐及指导工作。1989 年 7 月，学院首届大专毕业生毕业，经过学院推荐和主管部门安排，77 名毕业生全部在武汉商业系统内安排就业。从此，学院大专毕业生就业工作成为学院的日常工作之一。20 世纪 90 年代初期以前，毕业生就业工作还带有计划经济时期的色彩，学生毕业后基本上能通过组织程序安排就业。20 世纪 90 年代，社会处于计划经济向市场经济转型时期，加之我国高等学校数量的增多和办学规模的逐步扩大，“后文革”时代社会上人才匮乏的现象有所缓解，以及国家劳动用工制度改革的进一步深化，学院毕业生就业工作基本上推向市场，以市场需求为导向。学院在做好毕业生就业指导推荐的同时，毕业生就业真正走向市场，参与竞争，双向选择。面对毕业生就业形势的变化，学院学生工作处增加了就业推荐指导职能，并将其与招生工作摆在同等重要的位置。2000 年 10 月 26 日，经上级同意，学院成立招生毕业办公室，招生毕业办公室与学生处合署，从机构设置和人员配备上使毕业生就业工作向正规化、专门化、经常化迈进了一步。由于学院专业结构合理，注重培养学生的综合素质，毕业生多年来普遍受到用人单位的欢迎。2002 年，学院毕业生推荐率达 202.26%，毕业生就业率达 84.88%，一批专业如经贸英语、商业美术等的毕业生就业率达 100%。

三、系、部建设与发展

学院系部建设经历了逐步发展的历程，随着教育事业的不断发展而壮大。1987 年 4 月 27 日，市教委批准学院设置烹饪系、饮食企业管理系、基础课部、中专部（对外保留"武汉市第二商业学校"名称）及制冷教研室。1988 年 1 月 4 日，同意增设政治课教研室、图书馆两个专业机构。1995 年 3 月 15 日，同意学院组建服务系，同意将中国烹饪系、中国餐旅管理系分别更名为烹饪系、经济管理系。1999 年 7 月 29 日，同意服务系更名为旅游系，将基础课部、经管系的相近专业划归该系；同意组建应用艺术系，由现服务系形象设计、艺术摄影（数码影像设计）、商业美术、电脑美术、美容美发等专业组成。

烹饪系：1985 年武汉商业服务学院成立时，在武汉二商校烹饪教研室的基础上组建了中国烹饪系。1995 年 3 月，中国烹饪系更名为烹饪系。设有系办公室、烹调工艺教研室、中西点工艺教研室、烹饪理论教研室、烹饪实习管理室等。开设有烹饪教育、烹调工艺、烹饪科学与营养、西餐工艺、中西点工艺、生鲜食品加工与经营等本科、专科专业。烹饪系教师队伍特色鲜明、力量雄厚，当时"双师型"教师占教师队伍的 61%。拥有一幢设备完善、技术先进的实训大楼，建有专业图书室、生化实验室、标本室及多功能室等一批实验、实训场所。为培养社会需要的高级技术应用型人才，烹饪系坚持面向市场，注重学生专业思想教育，努力抓好学科建设，严格教学管理，在教学上强调理论联系实际，培养学生的动手能力与创新精神。自 1990 年起推行了学生毕业证书和专业技术等级证书的"双证书"制度，为强化学生的动手能力、提高学生的专业素质，为学生顺利地走向社会、进入人才市场打下了良好的基础。烹饪系《烹调工艺学》《烹饪原料学》被评为省、市"优质课程"，烹饪工艺专业被评为市级重点专业和教育部教育教学改革试点专业，烹饪学科建设处于全国同类院校前列。

为了加强国际间的学术交流，烹饪系还与日本大分市城南高校和芬兰瓦萨商学院建立了学术交流关系，并定期互派留学生。多次与德国、法国等同仁进行专业技术交流，使烹饪学子有机会走出国门、走向世界。

经济管理系：源于1982年武汉二商校的商业经济教研室，经历了曲折的开拓历程。1987年4月，市教委批准为饮食企业管理系，此后更名为中国餐旅管理系。1995年3月，中国餐旅管理系又更名为经济管理系。经济管理系下设办公室，商业经济、企业管理、计划财务、市场营销及电算会计5个教研室。开设有商业经营管理、市场营销、国际贸易、电算会计、电子商务等6个专业和专业方向。建系以来，坚持面向市场，努力抓好学科建设，严格教学管理，采取了校企联合办学、校校联合办班等多种办学形式，取得了成绩和发展。经管系毕业生有不少人曾在武汉市的大、中型商业企业中担任正、副总经理，人事部经理，业务部经理，部门主管等职务。还有部分学生运用所学知识，自办公司，独立创业，社会反映良好。即使是实习生，由于能用专业知识在实习单位进行骨干策划，也得到了实习单位的好评。

为了适应社会对复合型人才的需要，经管系还增设了汽车驾驶课程，学生经训练合格后可领取正式驾驶执照，为学生毕业后应聘求职参加市场竞争增加砝码。同时积极承担了原商业部及省、市商业主管部门交办的在职干部培训任务，培训处、科两级领导干部400余人，为全国商业系统的改革发展作出了贡献，也进一步密切了学院与企业的关系，使专业设置及人才培养模式更加贴近了市场的需要。

旅游系：其前身为服务系。1995年3月，将中国餐旅管理系中的一部分专业剥离出来，组建成立了服务系。1999年7月，服务系更名为旅游系。开设有旅游管理、现代饭店管理（含饭店服务管理与酒店经营管理方向）、制冷与空调、现代物业管理、计算机信息管理等专业，其中，制冷与空调被确定为湖北省教育教学改革试点专业。全系教师职业教育特色明显，一大批教师在拥有教师职称的同时，还具有职业技术资格证书，"双师型"师资队伍特色鲜明。建有电子实验室、精工实验室、制冷与空调实训室、机械基础实训室、餐厅服务与管理实训室、酒吧服务与管理实训室、客房服务与管理实训室、专用计算机房、多媒体教室等一批实验实训场地。

应用艺术系：成立于1999年7月，是适应社会经济和学院自身发展组建而成的。设有系办公室、形象设计教研室、艺术摄影教研室、工艺美术教研室、美术基础教研室、实训室等。开设有广告摄影、新闻摄影、商业美术、室内设计、电脑美术、形象设计、服装表演等专业。其中，形象设计专业在全国属首创，美容美发、照相光化学研究处于全国同行业领先水平。教师先后出版了《照相化学》《装饰图案》《美容系列丛书》《形象设计与电脑美术》等多部专著。有多幅作品和多篇论文在全国和省市获奖。拥有多功能投影室、CAD 机房、形体训练室、摄影照场、电子暗房、专业绘图室、专业画室、美容美发训练室等较为齐备的教学实习设施。

外语系：2001 年 9 月，学院将原基础课部外语教研室分离出来，组建成立外语系。设有办公室、外语教研室、大学英语教研室、国际贸易教研室。开设经贸英语和商务英语等专业，与新加坡英华美教育集团联合办学，开办经贸英语双证班，并与之建立了互派教师讲学、研修等学术交流关系，主干课程由外教任教。外语系利用多媒体语音室进行教学，调频英语广播电台覆盖整个校园，多方位增强学生的视听能力。

基础课部：成立于 1987 年 4 月，设有办公室、语文教研室、数理化教研室、计算机教研室、政治教研室和体育教研室。基础课部承担学院各专业基础课教学外，还承担了计算机应用、文秘与办公自动化专业的教学。2002 年 6 月，与华中师范大学联合成立了华师网络学院分院，开设有电子商务、英语、中文等专业，并于当年开始招生教学。注重学生实习管理和毕业生就业推荐工作，学生毕业就业率达 87% 以上。

第六节　扩大对外交流
提升国内外影响力

一、建立友好往来的学术交流活动

1987 年 12 月初，以特级厨师张久森为团长，特级厨师李炎林、卢永良（大中华酒楼副总经理）为团员的武汉市烹饪技术交流团赴日本大分市进行技术表演、交流活动。在日期间，共进行了八场技术表演及讲学、辅导等，参加人数达 684 人次，他们精湛的技艺，得到了日本人民的高度赞赏和大分市政府官员的好评，为学校进一步开展对日技术交流奠定了基础。

1990 年 11 月，以学校副院长朱耀华为团长、特级厨师王智元、汪建国为团员的武汉商业服务学院烹饪技术交流团访问了日本大分市城南高校，交流团在日期间共进行了六场技术表演，参加人数达到 700 多人次。此次访问就武汉二商校与城南高校间的友好交流一事达成了意向，大分市的新闻媒介对此次访问给予了充分报道。

1991 年 5 月 16 日至 27 日，应学院邀请，以日本大分市城南高校理事长幸健为团长、校长大石干生、食物科教谕河野昭二为团员的日本大分市城南高校访华团对学院进行了首次访问。访问期间，代表团拜会了市政府、市商委；学院师生员工举行了隆重热烈的欢迎仪式，河野昭二先生为培训学院和烹饪专业学生表演了两场日本料理技艺。在汉期间，双方签订了《中国武汉市第二商业学校与日本国大分市城南高校友好交流协议书》。

1992 年 11 月 20 日至 29 日，以学院徐志虔为团长、特级厨师、中国烹饪系主任张国铭，特级厨师杨象山为团员的学院第二次烹饪技术交流团访问了日本大分市城南高校。在日期间，交流团为不同层次的学生进行了三场中国烹饪技艺表演，参观了日本文理大学、明星美容学校和电脑专科学校。双方根据《中国武汉市第二商业学校与日本国大分市城南高校友好交流协议书》的精神，就具体交流项目达成了意向：（1）学院邀请对方组团参加 1993 年 10 月举行的武汉商业服务学院建校三十周年庆祝活动；（2）1994 年至 1996 年间日本接受学院留学生 1~2 名；（3）双方互赠学生作品。大分市的新闻媒介对此次访问给予了报道。

1994 年 4 月，学院首次派烹饪系青年教师肖惠珍前往日本大分市城南高校进行为期 3 个月的专业研修，它标志两校的国际性交流合作进入了新的阶段。1995 年 3 月，日本大分市城南高校 7 名师生来学院进行为期一周的烹饪技术研修。

1997 年 11 月 3 日—13 日，以院长黄仁才为团长的学院第三次烹饪技术交流团，应邀赴日本大分市城南高校表演、技术交流，并参加了该校 70 周年校庆。在日期间，交流团受到了大分县政府、大分市政府、日中友好协会、大分市城南高校的热情接待和热烈欢迎，城南高校理事长幸健先生在该校举行了隆重、热烈的欢迎仪式。

1998 年 6 月 23 日，芬兰瓦萨商务和酒店管理学院海蒂科等来学院访问，两校签订了建立校际友好关系的协议，每年互派师生进行学术交流和实习。同年 9 月，学院高擎老师及两名学生前往芬兰瓦萨商务和酒店管理学院，首次进行为期三个月的进修学习，国际间教学交流与合作取得了新的进展。

1985 年至 1998 年间，学校就中国烹饪技术出口问题先后与美国新奥尔良市、罗马尼亚拉茨市、乌克兰基辅市、保加利亚索非亚市进行了接触。先后邀请了原西德职教专家贝格尔先生、联合国教科文组织詹姆斯先生、美国西南俄勒冈州社区学院杰克逊先生来校从事讲学活动。学院教师外派出国工作与技术进修，烹饪技师王智元于 1982 年至 1984 年在苏丹援外组任主厨。特二级理发技师王锦文教师于 1989 年在日本大分市进修。烹饪教师胡龙富于 1987 年在日本大分市进修日本料理。理发二级技师洪汉基于 1988 年至 1991 年在中国驻委内瑞拉大使馆工作。1994 年 4 月，美容美发教研室主任、特一级美发师黄继斌应邀担任在北京举行的第 18 届亚太地区发型化妆大赛的评判，这是武汉市美发师首次担任国际比赛的裁判工作。

通过以上外事活动，增进了我国与其他国家人民的友谊，弘扬了中国烹饪技艺与服务技艺，学习了外国先进经验，对促进学院教育质量的提高，起到了一定作用。

学院承办的第四届全国烹饪技术比赛武汉赛区颁奖大会

学校承办的第二届“蒙妮坦杯”美发美容技能大赛比赛现场

二、加强合作与沟通，拓展办学途径

高等学校与社会合作，共同培育社会急需的第三产业人才，是武汉商业服务学院为探索新型的高等职业教育之路，吸引社会参加学校的人才培养工作，使办学紧密地依托行业和职业而采取的一项新举措。1994 年 11 月，学院与武商集团、中商集团、汉商集团等 9 家企事业单位签订联合办学协议，原国内贸易部副部长白美清和省、市领导出席了签字仪式。同年召开武汉市对口职业高中校长座谈会，13 所职高校长到会。1997 年学院召开校企恳谈会，武汉市二十余家企事业单位领导参加。11 月，学院举行全省部分城市职业中专校长会，来自武汉、襄樊、黄石、宜昌、鄂西等地 21 所学校的负责人，到校共商中高等职业教育衔接大计。1991 年 8 月，学院与湖北省商业高等专科学校联合开办中国烹饪普通专科专业，首次面向湖北省内招生。1998 年 3 月，经省教育厅同意，学院与省部共建学校华中农业大学联合开办食品科学与工程本科专业（烹饪教育方向），面向湖北省招生，招生人数 35 人。

积极承办和参加大型赛事，促进对外交流。1988 年起，以学院教师任团长和教练的武汉美发代表团，在第三届全国“威娜杯”大赛获团体总分第二名；学院还先后承办了湖北省第二届烹饪比赛（面点小吃）、湖北省职业中学美发美容大赛、全省第三届烹饪技术比赛（鄂菜）、湖北省第六届鄂菜暨首届地方菜等全国、地方大型赛事。1997 年 6 月，学院与武汉市教委共同承办全国职业中学第二届“蒙妮坦杯”美发美容技能大赛，同年与武汉地区 13 所院校联合发起义务培训下岗职工的倡议，并开办了烹调、美发美容培训班，举办了武汉高等职业教育研讨会。1998 年 10 月，承办了武汉市机关事业单位烹饪、面点、美发美容、洗染 4 个工种 1200 余人考工活动，与此同时，学院还积极组织青年教师参加各种赛事，获得金牌 3 枚、银牌 2 枚。1998 年湖北省贸易厅评选的“湖北十佳厨师”中有 3 名为学院毕业生。

编外篇　武汉市经济管理干部学院

武汉市经济管理干部学院大门

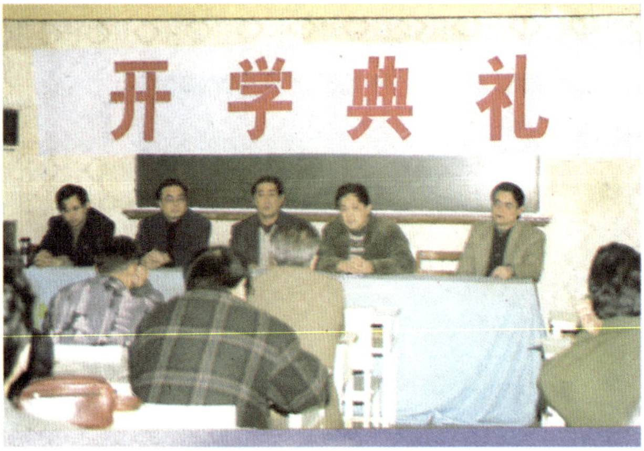

武汉市经济管理干部学院开学典礼

武汉市经济管理干部学院的前身，是1981年创办的武汉市工交干部学校。1984年6月，武汉市经济管理干部学院经省人民政府批准组建，主要面向武汉市工交系统管理干部开展学历、非学历教育。1997年，成为国家经贸委首批认定的100所工商管理培训院校之一。曾先后被评为湖北省经济干部教育先进单位、全省企业干部培训先进单位等。截至2004年，累计培养3.1万余人、培训2.1

万余人次。

一、师资队伍

重视教师队伍建设，到2003年前后，专职教师中教授、副教授占57%，同时聘请了兄弟高校及企业的专家、学者及企业家担任兼职教授。

工商系论文交流研讨会

“二十一世纪初武汉市社区教育发展”理论研讨会

二、成人学历教育

本、专科教育。1984 年，经湖北省教委批准，开办了经济管理、财务管理、政治思想教育等专业，单独招收普通专科生。此前，1983 年，设立经管刊授联合大学武汉站。1985 年设立中国人民大学成人教育函授武汉站，与中国人民大学进行专科层次的联合办学，开设工业经济管理、金融、工业会计、政治经济理论四个专业。1988 年，根据武汉市培养市属企业在岗干部的需求，开设大专专业证书班等，并与中国人民大学联办大专起点本科班。1990 年，为支援边疆建设，在青海省西宁地区举办少数民族干部培养班。

研究生教育。1988 年至 2001 年，先后与武汉理工大学、武汉大学联合举办三届在职研究生班。

学院与中国人民大学联合办学

本科生毕业答辩

三、干部培训

国营企业经理、厂长培训。20 世纪 80 年代，学院举办了多期国营企业经理、厂长国家统一考试培训班，学员来自武汉重型机床厂等企业。从 1987 年 10 月起，开始举办大中型企业厂长岗位培训班，当时全国有影响的红山花电扇、莺歌电视机、大桥味精等“武汉制造”的企业负责人均参加了培训。还曾举办武汉市总经济师、总会计师、总工程师“三总师”培训班。

学院与企业联合召开现代化管理办法应用成果发布会

中青年干部培训。自 1982 年起，连续举办武汉市大中型企业领导干部中青班，学制分别为三至四个月、半年、一年等，采取全脱产与半脱产相结合方式。

国有大中型企业第七期优秀中青年干部培训合影

军转干部培训。1982 年至 1988 年，举办多期武汉市军转干部培训班，培训人员近 400 人。

武汉市1986年度军队转业干部经济管理专业培训班合影

送教到企业。在省内的企业、学校建立 7 个校外办学点，并为葛化集团、武锅集团、凌云集团、武建集团、江岸车辆厂、武汉中联制药厂、武汉健民制药厂等长期提供培训服务，培训管理人员 2000 余人。

协助武汉市葛店化工厂召开现代化管理方法应用成果发布会

推广“满负荷工作法”。1988 年 3 月，举办了“满负荷工作法”短期培训班，来自武汉市各区、县、局 40 多个企业的 121 名管理干部参加了培训。该工作法的设计者张兴让被聘为学院的兼职教授。

武汉市经济管理干部学院学报

《武汉市经济管理干部学院学报》。1987 年，《经济管理理论与实践》以内刊的形式出版。1994 年 1 月，更名为《市场经济管理》。2000 年，更名为《武汉市经济管理干部学院学报》，公开出版发行。

编外篇　武汉职工财经学院

武汉职工财经学院的前身是1980年创办的武汉市第二商业局党校。1985年2月，武汉市人民政府批准建立武汉职工财经学院。1986年3月，国家教委批准武汉职工财经学院备案试办成人高等院校，归口武汉市商业管理委员会领导，并保留武汉市商业管理委员会党校的牌子。1991年9月，武汉市肉类联合加工厂职工大学并入武汉职工财经学院。建校之初，实行董事会领导下的院长负责制。1992年，实行党委领导下的院长负责制。建校后，先后为武汉市商业财贸系统培养了不同层次的学生、学员5万余人。

武汉职工财经学院教学楼

一、办学成绩

学院以教学为中心，面向社会，服务大市场，拓宽办学门路，逐渐形成了以学历教育为主体、岗位培训为重点、短期培训为补充，多渠道、多层次、多形式的成人教育格局，曾被评为湖北商业教育先进学校。

武汉职工财经学院大门

办学成果展

二、开设专业

设置“两系一部”：会计审计系、经济管理系、基础课部。根据武汉经济建设的发展需求，开设贸易经济、财政金融、商场经营与管理、现代商务秘书等14个应用性较强的专业。有专兼职教师134人。

学生毕业合影（一）

学生毕业合影（二）

三、多层次办学

成人函授教育。1988年，与中国社会科学院研究生院联合开展成人函授教育，先后开办了现代企业家高级培训班、财会知识更新研修班、现代供销社专业研修班和新企业会计准则研修班等，在全国招收学员两万余人。

国营企业经理、厂长统考培训。主要面向武汉市商业系统、供销系统大中型企业开展培训，学员1000余人。

各类干部、职工培训。举办中青干部培训班、军转干培训班、经济师培训班、高级营业员培训班、门店经理岗位培训班，以及大专专业证书班，为武汉商业系统培训了大批干部、职工。武汉市武商、中商、中百、汉商四家上市公司的负责人均在学校参加了培训。

建立校外办学点。为了方便学员就学，在武汉市六个城区（武昌、江汉、硚口、江岸、洪山、青山），四个郊县（武昌县、汉阳县、黄陂县、新州县）及仙桃市等地设立了21个校外办学点。开班近50个。培训大专层次学员2000余人。

开学典礼

计算机职业技能考试培训基地。作为武汉市计算机职业技能及计算机职称考试培训基地，先后为武汉市20余家单位干部、职工开展计算机应用技能培训，为计算机办公应用的普及起到了推动作用。

97金融培训班结业典礼

三、全国性研讨会引起反响

1990 年 4 月，与有关单位在深圳联合举办了“全国企业家经营管理理论与实践研讨会”，全国 200 多个单位的企业家出席。此次活动反响较大，香港多家媒体报道。

与香港客人会面

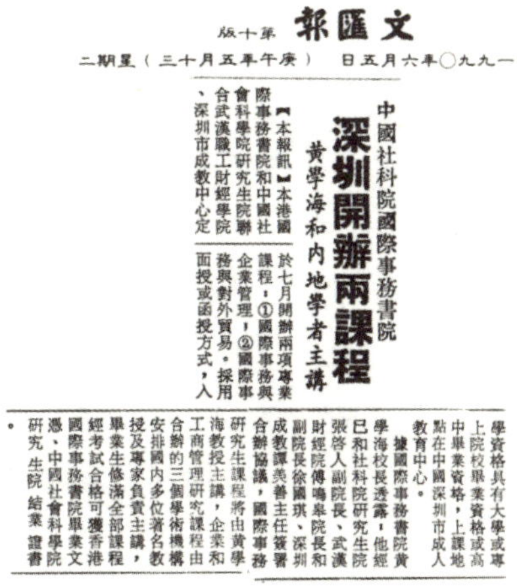

文匯報　第十版

一九九〇年六月五日　（庚午年五月十三）　星期二

中國社科院國際事務書院

深圳開辦兩課程

黃學海和內地學者主講

【本報訊】本港國際事務書院和中國社會科學院研究生院聯合武漢職工財經學院、深圳市成教中心定於七月開辦兩項專業課程：①國際事務與企業管理；②國際事務與對外貿易。採用面授或函授方式，入學資格具有大學或專上院校畢業資格或高中畢業資格，上課地點在中國深圳市成人教育中心。

據國際事務書院黃學海校長透露，他經已和社科院研究生院張啓人副院長、武漢財經院傅鳴皋院長和副院長徐國琪、深圳成教課龔善主任簽署合辦協議，國際事務研究生課程將由黃學海教授主講，企業和工商管理研究課程由合辦的三個學術機構安排國內多位著名教授及專家負責主講，畢業生修滿全部課程經考試合格可獲香港國際事務書院畢業文憑、中國社會科學院研究生院結業證書。

香港《文汇报》对“全国企业家经营管理理论与实践研讨会”的报道

编外篇　武汉市职工大学

武汉市职工大学是湖北地区唯一一所工会系统成人高校，创办于 1980 年。其源头可追溯至 1965 年创办的武汉市工人业余技术大学，当时武汉市按照“结合生产、统一安排、因材施教、灵活多样”的原则，成立了一批职工大学和职工业余大学。1985 年武汉市职工大学与武汉市总工会干部学校合并。1992 年 10 月，陆续在武汉市各区、县创办分校。1996 年，经国家教委备案，成为独立设置的成人高等教育学校，参加成人高考招生。学校开设 10 多个专业，常年在校生 2000 余人，每年各类培训规模 3000 余人次。1998 年，全国职工大学考核评估，被评为全国工会系统高等教育 10 所示范院校之一。

武汉市职工大学教学楼

中华全国总工会评估专家团合影

武汉市职工大学被中华全国总工会列为全国工会系统示范性职工高等学校试点学校

一、联合办学

1991 年至 1994 年，先后与武汉市建筑工业总公司职工大学、武汉市葛店化工厂职工大学、武汉汽车工业职工大学等联合创办分校，成立统一的校务委员会，优势互补、资源共享、专业优化、各具特色，为这些企业就近培养了大批生产一线技术人才。同时，以发展职业技术教育和社区教育为突破口，与武汉地区高校联合开办本、专科学历教育班。

校厂合作办学

二、订单教育

2003年，开办应用电子和市场营销两个普通高等教育专业，与企业实行“订单培养”。省教育厅在学校召开高教工作现场会介绍推广。

应用电子专业“订单培养”班

三、劳模培训

20 世纪 80 年代，面向武汉市的全国省市劳动模范开办大专学历教育班。同时开设劳模短期培训班，全国劳动模范熊汉仙等都曾在学校参加培训。

劳模大专学历教育班结业座谈会

学校举办工会干部培训班

四、助力“再就业工程”

1998 年，随着国企改革的全面推进，下岗职工增多。创建了“江城职工再就业培训中心”，并在各区分别设立分支机构，免费为下岗职工举办电脑、财会、服装、烹饪、中医推拿、手机维修等培训，建立了“技能培训—就业指导—职业介绍—安置上岗”的一条龙服务。此后，培训工作常态化，逐步转变为职业技能鉴定与职业技能证书培训。

五、服务国有企业改革

进入新世纪，武汉市国有企业改革进入攻坚阶段。学校举办了职工持股会工作研讨班，讲授现代企业制度与职工民主管理、股份制与职工持股会、公司财务报表分析等知识，努力促进职工持股会工作的完善与提高，保持企业稳定，促进企业健康发展。

第三编

多源汇流　合力奋进

武汉高等商业人才培养的发展

第五章　武汉商业服务学院

（2005—2012）

第一节　四校合并组建新武汉商业服务学院

1998 年，根据国务院《普通高等学院设置暂行条例》的规定和国家教委《关于部分普通高等学校充实整顿工作的意见》，武汉市人民政府、市教委就武汉地区高校的充实、调整作了大量调查，提出了多种方案，如建立首义联合大学等。1988 年以来，学院的一部分主要工作，都围绕着这项工作开展，校领导对学院的生存与发展，进行了反复研究，作出过许多努力，提出了多种方案，当时国家教委、省市分管领导先后多次来校视察并听取汇报。市政府《武汉市高等教育发展、改革战略思想对策》课题组和市委研究室的同志，也先后受市委、市政府领导同志的委托，来校进行了专题调查。这些领导普遍肯定了学院的办学特色，认为对学院要大力扶持，促其发展。中共武汉市委研究室主办的《决策参考》，在 1992 年第 36 期上刊登的市属高校的改革情况调查的调查报告中指出：对市属高校的改革指导思想，应该是：稳定中求发展，放开中增活力，努力办成各具专业特色，各具地方特色，与武汉经济发展融为一体的地方性院校。如武汉商业服务学院，在全国同类院校中属上乘水平，因此，再做关停撤并文章，走综合型大规模办学的路子，不大现实，唯一可行的办法是按教育规律办事，走改革开放搞活之路。1993 年 5 月 13 日，国家教委将学校列为 1993 年招生的高等学校，在《中国教育报》公布。这段时间里，学院干部群众坚持按院党委提出的“外争宽松、内练真功”的指导思想，克服了许多办学不利因素，坚持把自己的工作做好，积极开展各项教育改革，学校的教育秩序保持了稳定。

随着我国教育事业的不断深化和发展，推动了武汉市属高校的整合工作。1996 年武汉市政府决定组建新江汉大学，期间多次酝酿将武汉商业服务学院纳入新江汉大学，此后，武汉市商委也多次与学院商议，将市商委系统的四所学校，以武汉商业服务学院为主，组建市商业教育集团等，由于学校体制等原因的影响，未能进入实质性的联合。2001 年 11 月，时任湖北省副省长王少阶、武汉市副市长辜胜阻等领导来学院就如何办好高职高专等学校问题进行考察，调研时强调“思想解放一些，思路放开一些，多形式、多层次、多渠道地办学，把高职高专学校办强、办大、办好”。为加快实现党的十六大提出的全面建设小康社会的目标，认真贯彻全国、全省职业教育工作会议精神，落实市委、市政府领导关于做大做强武汉市高等职业教育的指示，2002 年初，武汉市委政研室、武汉市教育局组织工作专班，调研了市属高校以及可类比的兄弟城市高等职业教育发展状况。

校领导商讨学校发展规划

在此基础上，武汉市教育局向武汉市委、市政府提出拟将武汉商业服务学院、武汉市经济干部管理学院、武汉职工财经学院、武汉职工大学四所院校合并，组建成一所全日制普通高等职业技术学院——“新武汉商业服务学院”的可行性报告。2002 年 5 月，武汉市政府决定成立武汉市职业教育改革与发展工作领导小组，5 月 21 日，武汉市教育局成立了组建“新武汉商业服务学院”工作领导小组，时任武汉市教育局副局长周洪宇同志任组长，黄仁才任常务副组长（武汉商业服务学院院长），朱耀华（武汉市经济干部管理学院院长）、刘偶清（武汉职工财经学院党委书记）、刘萌（武汉市职工大学校长）等为组员，领导小组下设办公室，张志勇任主任（武汉商业服务学院副院长），市委教育工委、市教育局有关部门为小组成员。同时成立新武汉商业服务学院筹建工作专班，开始紧锣密鼓地开展工作。5 月 26 日，武汉市教育局向省教育厅递交了《武汉市教育局关于组建新武汉商业服务学院的请示》（武教文〔2003〕36 号）。6 月 23 日，武汉市人民政府向省人民政府递交了武汉市人民政府《关于组建新武汉商业服务学院的请示》（武汉政文〔2003〕39 号），指出：十五期间，武汉市将推进“开放先导”和“科教兴市”两大战略，建设“五大产业基地”，“五大功能中心”和农业产业化体系，推进经济结构战略化的调整。这些都必将对武汉市劳动者素质，即人才结构提出更新更高的要求。新武汉商业服务学院的组建是武汉市高等教育发展的重要举措，将有利于优化武汉市教育结构、健全职业教育体系、充分发挥办学效益；有利于满足对高级专门人才的需要，服务地方经济建设和社会发展；有利于增强学校竞争实力，发挥高等职业教育的龙头作用；有利于实现武汉市高等教育大众化，满足人民群众接受高层次教育愿望和全面建设小康社会的需要，对促进武汉经济建设和社会发展将起到十分重要的作用。

2004 年，湖北省人民政府批准将原武汉市经济管理干部学院、武汉职工财经学院和武汉市职工大学并入武汉商业服务学院，组建新的武汉商业服务学院。

2005 年 1 月 28 日，市委组织部领导来校召开学院中层以上干部会议，宣布了新商院的领导班子，随后领导班子进行了分工。3 月 11 日，学校成立了机构人事改革领导小组，推进新商院的机构人事改革工作；7 月，学校正式任命了党务和行政负责人，对四校的在职教职员工按照业务和岗位门类进行了调整，充实了机构和部门工作人员，使学院各项工作迅速步入正轨。

第二节　办学条件大提升
“千亩校园、万人规模”

四校整合之初，校领导检阅新生军训队伍

“千亩校园”目标稳步完成。2005年2月6日，新武汉商业服务学院一期扩建工程开工典礼举行，5个单体建筑于8月底全部建成投入使用。2006年12月28日，设计层高六层，总建筑面积2.1万平方米的北区综合楼建设工程正式开工，标志着学院北区建设全面启动，学院的办学条件实现了跨越式发展；同时在市政府的支持下，对原经干院土地进行了串换，新校区职工宿舍报建手续也已经启动并正在抓紧办理之中。2007年，北区新图书馆、商科实训楼、C栋学生公寓、体育馆、南区工科实训楼相继开工建设，北区广场景观绿化工程基本完成石材硬质铺装和绿化配套栽植，基本完成南、北校区门楼工程，总投资概算达1.3亿余元。综合楼于2007年10月业已交付使用，图书馆、商科实训楼、工科实训楼、C栋学生公寓已完成结构封顶；成立了拆迁建房办公室，积极办理南区124亩土地的房屋拆迁和征地手续，取得较大进展。2008年，学校新图书馆、汽车实训楼、商贸实训楼、C栋学生宿舍等一批工程项目先后建成并投入使用；体育馆已进入装修阶段，北区学生食堂已破土动工；完成南北校区绿化工程，以及积极争取南区薛峰北街 21C 地块的征用及拆迁工作。2009 年，北区学生食堂主体建设和装修工程、图书馆水景工程、校园广播系统数字化升级工程、北区标准田径运动场建设工程、B 栋学生宿舍工程、图书馆学术报告厅装修工程等已基本完成，启动了薛峰北街商院片拆迁工作。2010 年，完成北区田径运动场、体育馆附属设施及学术报告厅配套设施的建设安装工程；完成 B 栋学生宿舍主体及配套工程和教学实训驯马场主体马厩工程的建设；新增绿化面积 6 万平方米。2011 年，完成了校园以北 15G1 地块 208 亩土地的征地工作，50 亩教职工住宅建设用地的拆迁工作基本完成。至此，学校的校园建筑工程大体落成。千亩校园规模初具。

经过几年建设与发展，学校办学规模不断扩大，图为2009年新生教育会

“万人规模”目标稳步完成。2005 年毕业生人数 939 人，新生报到 1910 人。2006 年毕业生人数 1400 人，新生报到人数 2189 人。2007 年毕业生人数 1443 人，新生报到人数 2180 人。2008 年毕业生人数 1921 人，新生报到人数 3093 人。2009 年毕业生人数 2056 人，新生报到人数 3129 人。2010 年毕业生人数 2547 人，新生报到人数 3479 人。2011 年毕业生人数 3066 人，新生报到人数 3688 人。2012 年毕业生人数 3084 人，新生报到人数 3642 人。

到 2012 年，全日制普通专科在校生由合并之初的 5500 人增加到 10000 人，校园占地面积达到 1028 亩，实现了“千亩校园、万人规模”的目标。

第三节 “三定”改革促发展
强化职责谋发展

随着四校合并工作结束，新武汉商业服务学院的稳定发展成为头等大事。汉阳、汉口、硚口校区在办好普通中专学历教育，成人大、中专学历教育和培训方面继续保持稳定发展。学校抽调专人对各校区资产进行核查清点，继续加强后勤社会化改革，同时积极推进干部人事制度改革。按照“精简、统一、效能”的原则，学校合并后迅速开展了定岗、定编、定员“三定”工作。按照“按需设岗、公开招聘、规范管理、择优录取”的思路，做好教职工的聘用管理和面向社会公开招聘教师、人事代理工作。

2010年，学院岗位设置管理工作布置暨动员大会

2005 年开始先后制定并完善实施了《武汉商业服务学院部门工作职责》《武汉商业服务学院工作规范》等，通过这一系列规章制度在行政管理、教学管理、

教务管理、学生管理、财务管理、后勤管理等诸多方面和环节的切实贯彻执行，学校工作进入稳定运行轨道。

2006 年，积极推动并完成了学院中层干部竞争上岗工作。制定下发了《武汉商业服务学院中层干部竞争上岗工作方案》，通过报名、笔试、资格初审、职位公示、面试（演讲）民主测评、组织考察等程序，选拔和任用中层干部，并在此项工作中始终坚持公正、公平、公开的原则。本次中层干部竞争上岗共有 80 人报名，学院组织 50 人参加了笔试，74 人参加了面试（演讲）。通过以上程序，一批学历层次高、年纪轻、综合素质好的干部被选拔上来担任各部门正、副职，使学院中层干部队伍在知识、年龄、结构方面有了明显的改善，趋向合理，达到了“竞争出能力，竞争出动力，竞争出效率”的目的，为学院的改革发展提供了坚强有力的政治保证。继续推进人事制度改革。根据国家人事部颁布的《事业单位公开招聘人员暂行规定》及武汉市人事局关于事业单位公开招聘工作的统一部署，制定了《2006 年武汉商业服务学院面向社会公开招聘面试工作实施方案》，向社会公开招考工作人员。通过笔试、面试、专业测评等程序，正式录用了 18 名工作人员，并于 9 月初正式上岗。与此同时，在总结学院内部分配方案试行情况和借鉴兄弟院校经验的基础上，从学院实际出发，制定了《关于调整内部津贴标准的暂行办法》，调整、提高了工作人员的津贴、补贴标准，提高了离退休人员及内部退养人员的生活补贴，广大教职员工的收入有了一定的增长；在完善新引进人员和离退休人员工资手续的同时，积极学习最新的工资政策和套改方案，进一步审核原四校工资结构，为下一步事业单位工资改革打下了较好的基础。

2007 年，继续落实“三定”工作。全院绝大部分教职员工都依据专业实际和工作需要，确定了相应的专业和工作岗位，做到了按需设岗、用人所长，充分调动了广大干部群众的积极性，保持了学院的稳定。同时组织实施了科级干部竞争上岗工作，全院一百多名科级干部通过竞争演说、民主评议、组织考察，已经全部落实到位。学院的规章制度建设也跨上新台阶。

2010 年，在对人员、编制情况和各类岗位构成情况进行充分摸底的前提下，结合实际，制定了《岗位设置实施方案》，完成了岗位设置申报材料的收集、整理、评审等工作。通过岗位设置转换用人机制，促进固定用人向合同用人、身份管理向岗位管理的转变；逐步建立和完善按需设岗、竞聘上岗、按岗聘用、以岗定薪、合同管理的选人用人新机制。

第四节　提升内涵“五个一”教育教学新改革

省级教学团队——餐饮技能与服务实训中心教学团队

从2008年至2010年，历时两年实施《人才培养“五个一”工程》，在专业、课程、教学团队、实训基地、人才培养模式等建设方面，推进教育教学改革。

按照教育部《关于全面提高高等职业教育教学质量的若干意见》精神，积极实施《专业建设“五个一”工程》，努力探索“梯级模块”“三线并行、两层深入”“循岗导教2AB”“项目工作室制”等工学结合人才培养模式。按照职业岗位的要求，发挥专业建设指导委员会的作用，重视课程教学目标设计，调整了现有各专业人才培养方案和教学计划。科学设置专业课程体系，建立突出职业能力和素质培养的课程标准，对原有的专业课程进行了优化更新，使教学内容更加适应社会发展的需要。广泛聘请行业企业专业人才和能工巧匠来学院担任兼职教师，逐步加大兼职教师比例，专业教学的针对性更强。通过人才培养“五个一”工程实施，学校教育教学管理迈入新阶段。

摄影摄像技术专业获中国摄影教育人才培养奖

全国职业教育开先河，先行先试“双证书”。学校早在1986年就提出了“教师双师、学生双证”的职业教育模式。1986年，学院提出把培养教师“既能坐而论道，又能起而力行”的双重素质作为重要奋斗目标。学院是较早在省内高职院校中进行“双师型”师资队伍探索的学校。建院之初，积极探索高等职业教育的教学模式，强调实践性教学，突出技能型特色，强化学生动手能力培养，1992年在烹饪和摄影专业实行“双证制”。1996年5月，学院制定了《关于统一对学生实行职业技能鉴定的暂行规定》。“教师双师、学生双证”得到教育部、商务部及湖北省教育厅领导的支持与认可，为后来这一模式在全国高职教育领域的提出与成型打下了基础。2005年，学校又提出了“循岗导教”的高职教育教学理论，其主要意义在于：瞄准岗位需求设计人才培养方案，教学目标十分明确，有效地实现了专业教育与行业教育、岗位教育的有机结合，实现了学生与行业、岗位、社会的“零距离”接轨，有利于提高人才培养的针对性和技能性，有效地实现校企合作、工学结合，充分体现高职教育的基本理念和基本规律。

而这一理论和实践体系的一些基本提法和做法，都与2006年底出台的教育部16号文件相吻合，比如要根据市场需求与岗位需要，加快专业、课程、实训基地、双师团队的改革与建设，建立工学结合的人才培养模式等。

第五节　两级管理有《办法》重心下移更自主

会议现场

以实施院系两级管理为切入点，全面规范校园管理，促进整体管理水平迈上新台阶。全面实施院系两级管理，按照“两级管理，系为基础”要求，建立教学系部党政集体领导、分工负责的领导体制和互相配合、协调运行的工作机制，真正实现系部权责利相一致。制定颁布了《学院院系两级管理实施办法（试行）》和《学院两级管理教学工作实施细则》《学院两级管理学生工作实施细则》《学院两级管理经费切块实施细则》等相关管理规定，并且建立了系部两级教代会，将管理重心由职能部门移至系部。学院对系部实施宏观管理，系部则在学院党委和行政的领导下，承担明确的责任和义务，享有相应的权利，独立自主地开展工作，使系部在教育教学中的积极作用和主观能动性得到有效发挥。

第六节　专业设置有特色
教学质量大提升

在全国高校率先培养赛马人才

根据市场需求设专业，根据企业要求定课程，根据岗位标准练技能，根据社会评价验质量，努力做到“学校与企业结合、教学与生产结合、学习与就业结合”。主动适应经济社会发展，布局特色专业群。2008 年，全国各类马术俱乐部多达 200 余家，但市场人才饱和度仅为 10%，赛马产业人才十分短缺。针对这一现状，4 月 21 日，武汉商业服务学院与武汉市体育总会、武汉赛马俱乐部签订了联合办学协议书，共同培养赛马产业专业人才。这是国内首家专门培养赛马专业人才的高校。该校赛马产业专业人才的培养内容包括赛事管理策划、马护管理、赛马选手的培养等。当年起开始招生，面向体育类考生（高考），学制 3 年，首届计划招生 40 人。2011 年，学院社会体育专业（赛马产业管理方向）实训基地获批中央财政支持实训基地建设项目。

教学质量工程获得新成果。2012 年，物流管理和动漫设计与制作 2 个专业入选中央财政支持的“提升专业服务产业发展能力项目”；东方神马实业（武汉）实习实训基地获批为“湖北高校省级实习实训基地”；制冷与空调技术实训基地获批为“湖北省高等职业教育实训基地”；国际贸易实务、摄影摄像技术2个专业获批为“湖北省高等职业教育重点专业”；《制冷压缩机拆卸与装配》获批省级精品资源共享课程；国际贸易实务、汽车检测与维修技术、航空服务3个专业获批楚天技能名师岗。荣获湖北省教学成果奖一等奖1项，实现了学院省级教学成果奖一等奖零的突破；获武汉市教学成果奖6项；评选出第一届校级教学成果奖14项。

武汉商学院2012年专业设置一览表

系　部	专　业
工商管理学院	会计（注册会计师方向）
	商务管理
	商务管理（连锁经营管理方向）
	商务管理（人力资源管理方向）
	投资与理财
	投资与理财（公司理财方向）
商贸物流学院	电子商务
	电子商务（网络营销方向）
	国际贸易商务
	国际贸易商务（报关与国际货代方向）
	物流管理
	营销与策划
	营销与策划（品牌营销管理方向）
机电工程与汽车服务学院	汽车技术服务与营销
	汽车检测与维修技术（汽车电子方向）
	汽车检测与维修技术
	汽车检测与维修技术（汽车制造与装配技术方向）
	汽车检测与维修技术（中德）
	物业管理
	应用电子技术
	制冷与空调技术
旅游与酒店管理学院	酒店管理
	航空服务
	旅游管理
	会展策划

续 表

系　部	专　业
烹饪与食品工程学院	烹饪工艺与营养
	烹饪工艺与营养（食疗保健方向）
	烹饪工艺与营养（西餐工艺方向）
	烹饪工艺与营养（中西点工艺方向）
	烹饪工艺与营养（厨政管理方向）
	食品加工技术
信息工程系	计算机信息管理
	物联网
	计算机应用技术
	计算机应用技术（多媒体数码技术方向）
	数字城市
应用外语系	旅游日语
	旅游英语
	商务英语
应用艺术系	服装设计
	艺术设计
	动漫设计与制作
	动漫设计与制作（江通动画班方向）
	环境艺术与设计
	摄影摄像技术
体育与马术学院	社会体育（赛马产业管理方向）
	社会体育（体育市场开发方向）
	社会体育（马术运动与管理方向）
	社会体育（赛马经济方向）
	休闲服务与管理

第七节　评建改管真动刀
提升管理有成效

学校人才培养工作评估情况通报会现场

人才培养工作水平评估是教育部《关于开展高职高专院校人才培养工作水平评估试点工作的通知》要求进行的一项重要基础性工作，其宗旨是本着“以评促建，以评促改，以评促管，评建结合，重在建设”的原则。通过评估，进一步促进学院深化教育教学改革，改善办学条件，加强教学基本建设，强化教学管理，全面提高教学质量和办学效益。早在2006年4月13日，学校对评估工作进行动员，印发了《武汉商业服务学院人才培养工作水平评估实施方案》，成立了学院迎评工作领导小组和迎评工作办公室，配备了专门的工作人员，制定了工作实施步骤，对人才培养工作水平评估作了三级指标的详细分解。动员会后，各部门负责人与分管院领导签署了评估工作责任书，各分管院领导与学院一把手也签署了评估工作责任书，分解任务，明确职责，层层抓落实。随后，学院在全院师生中开展了办学思想、办学定位大讨论，并收集了大量的大讨论记录、文章等；教学部门利用暑期开展了专业剖析工作；各责任部门根据任务分解的要求，进行了大量的材料、信息收集、整理、归档工作。与此同时，学院还指派专人到北京、上海参加评估工作的学习与培训，在校内对各责任部门负责人和相关工作人员进行培训，使广大中层干部和有关工作人员对评估工作的重要性、工作程序和方法有了更清晰、明确的认识和了解，这对于进一步理顺工作思路，强化评估工作手段和措施，提高学院干部职工做好评估工作的能力、素质都产生了积极的作用。年底院自评专家组进行第一次自查自评。

2007 年初，评估办人员全部集中办公。同时，学院又多次就评估工作进行再动员、再部署，统一领导，全面协调，狠抓落实。2007 年暑假，全院各教学系部全面开展了专业剖析工作，各专业剖析材料已基本形成，支撑材料也已收集、整理、归档，并在不断地完善之中。评估办对各个系部的专业剖析工作进行了全面的、详细的检查和指导；其他各二级指标责任部门也充分利用暑假，加班加点做好自己的评建工作。9 月底，院自评专家组对全院的评建工作进行了第二次自评，并形成了第二次自评结论意见，学院据此向各责任部门下达了第二次整改任务。在随后的部门整改工作中，院领导及专门工作机构对部门的整改不定期进行检查，有关专家和专门工作人员还经常到责任部门接受咨询，进行指导，使工作更细致，更富有成效。

2008 年，学校先后被省教育厅确定为湖北省示范性高等职业院校首批立项建设单位和全省首家人才培养工作评估新方案试点院校，学校试点评估工作取得的经验在全省推广。根据新的评估指标，为了扎扎实实地把工作做好，学院调整了迎评工作方案，及时组织召开了人才培养评估试点工作动员大会。按照“以评促建、以评促改、以评促管、评建结合、重在建设”方针，在原来准备的基础上，先后完成了《高职院校人才培养工作状态数据采集平台》的填报;《学院自评报告》《分项目自评报告》及《院长汇报材料》的撰写；各级评估支撑材料的收集与整理；27 个专业的《专业剖析报告》的撰写及支撑材料的整理；深度访谈、师生座谈会和教师说课的准备；筹办学院建设与发展成果展览。

2009 年 5 月 14 日至 19 日，学院接受了由湖北省教育厅组织的高等职业院校人才培养工作新方案试点评估。在市委、市政府和市教育局的亲切关怀和大力支持下，经过全院师生共同努力，评估专家组顺利完成了对学院人才培养工作的现场考察评估，同时还协助省教育厅完成了新评估方案专家培训工作。专家组先后听取了学院自评汇报，走访了有关部门和系部，查阅了相关资料，对酒店管理专业进行了剖析，并召开了人才培养工作状态数据采集座谈会。专家组对学院的建设与发展给予了充分肯定，对存在的不足进行了深入分析，并提出了中肯的建议和意见。迎评期间，全院师生所表现出来的恪尽职守、扎实工作的敬业意识，荣辱与共、爱校如家的主人翁态度，艰苦奋斗、锐意进取的开拓精神，充分展示了学院师生的良好精神风貌，为顺利通过人才培养工作试点评估奠定了坚实基础。

2010 年，学校全体师生齐心协力，认真做好评估整改，整体推进省级示范校建设，在示范专业建设、教师说课说专业、教学团队建设、示范专业实训室建设、教学资源库建设等方面取得了丰硕的成果。2010 年 5 月，学校接受了省教育厅专家组对学院评估整改情况的回访，专家组对学院评估整改工作给予了充分认可。2011 年 1 月，学校顺利通过了省教育厅、省财政厅对学院进行的省级示范校建设项目验收。

第八节　科研工作有突破 社会服务有担当

科研工作有突破。2011年学校制定和修订了《科研项目管理办法》《科研津贴与奖励办法》《学术委员会章程》《专业技术人员科研工作考核办法》《学术著作出版资助暂行办法》等16项制度，科研管理制度体系基本建成。通过明确两级学术委员会的职责，在项目申报、结题评审、专著资助、重点科研机构申报与评审、科研考核等方面充分发挥了学术委员会的职能。2012年学校申报各类纵向项目162项，立项59项，其中获批全国教科规划课题项目立项1项，取得历史性突破；4个项目获省高教协会优秀高教研究成果奖；资助教师专著8本；赛马经济研究所和旅游经济研究所获批为校重点人文社科基地；获得7个横向项目；"汉商文化"研究系列丛书编辑出版工作顺利进行。成功主办首届"鄂菜传承与发展论坛"，产生较大社会影响，受到一致好评。

全国高等学校烹饪技能大赛比赛现场

中国高教学会、中国烹饪协会负责人出席活动

2009年烹饪专业5名师生首赴南极为国家科考队服务

学校学生在南极科考专用直升机前合影

学校派出303名师生服务2008年北京奥运会，是全国输送技术服务人员最多的高校之一

承办全国烹饪大赛。由中国烹饪协会、教育部高等学校高职高专餐旅管理与服务类专业教学指导委员会主办，湖北省教育厅支持，武汉市教育局、湖北省烹饪协会协办，武汉商业服务学院承办的“全国高等学校烹饪技能大赛暨第二届全国餐饮业职业教育发展论坛”于 2007 年 11 月份在学校成功举行。来自全国 28 所高校的 32 个代表队参加了大赛的角逐。学院代表队获得团体金奖和最佳基本功等 5 个单项金牌。省市重要领导和嘉宾莅临学院，参加了大赛开幕式并观摩了比赛；新华社、经济日报、中国教育报、湖北电视台等新闻媒体全程报道了大赛盛况；亚太味业、NTA 饭店联盟等几十家企业为大赛和论坛提供了赞助。这次承办大赛和论坛的活动，范围广，规格高，任务重，要求严，经过认真准备和精心组织，取得了圆满成功，得到了上级部门、参赛院校和社会各界的好评，也展示了学院的办学成果和风采，为学院赢得了广泛的社会声誉。

北京奥运会期间学校学生与杨利伟合影

服务社会有担当。2007 年 10 月，学院学生参加了第六届城市运动会开幕式的表演和礼仪服务工作，这是学院有史以来所承担的规模最大、时间最长、任务最重、要求最高、荣誉最大的表演和服务活动。学院 667 名学生参加了开幕式上篇《江汉风韵》中“水袖舞”和下篇《都市飞花》中“高跷队”两个部分的演出，受到城运会组委会一致好评，中央电视台等众多媒体进行了报道，认为“充分展现了朝气蓬勃、积极向上的新时代大学生的良好精神风貌，圆满完成了开幕式的演出工作，为武汉市争得了荣誉”。通过演出和服务，学院在新的更高的平台上充分进行了展示，也赢得了荣誉。学院因此被市委、市政府评为

学校主办的学术研讨会

先进单位，部分老师被市委、市政府和第六届城市运动会组委会执委会评为先进个人。从2008年7月至9月，学校共有303名师生直接参加了奥运村、主新闻中心、国际广播中心、绿色家园、媒体村、京海大酒店、华都大酒店、职工之家大酒店等地的餐饮服务工作，有1600名同学先后参加了在武汉市举行的奥运会和残奥会的火炬接力活动。在整个活动过程中，全体师生站在维护国家尊严、提升民族形象、展示大学生风采的高度，发扬“我参与、我奉献、我快乐”的精神和特别能战斗、特别能吃苦，敢打硬仗、敢克难关的作风，力争让“服务品质更高，服务效率更快，服务质量更优”，出色地完成了各项服务任务，赢得了奥运会组委会颁发的“优秀奥运组织奖”和中国烹饪协会颁发的“中华金厨”团体奖，并被市政府授予“平安奥运”先进集体光荣称号，学院的社会影响进一步扩大。自2009年第26次南极科考以来，学院连续多年共派出十余名师生承担科考服务工作，让武汉商业服务学院的旗帜出现在长城站、中山站、昆仑站；学生连续多年参加全国“两会”服务工作，获各方好评。学院志愿者协会被共青团中央、中国志愿者协会授予“第八届中国青年志愿者优秀组织奖”。

第四编

守正创新　跨越发展

武汉高等商业人才培养的新篇

第六章　武汉商学院

（2013—2023）

第一节　升格本科院校
探索特色应用型大学建设

一、申“本”历程

武汉商业服务学院早在四校合并初期就动议申“本”事宜，2004 年 1 月全国高校设置评议委员会专家组专门到校进行考察。由于当时四校尚未实质性整合，大规模基本建设才刚刚起步，专家组建议待条件成熟后再行申报。经过近 8 年时间的锤炼，武汉商业服务学院办学影响日益强大，综合实力稳步提升。

申办武汉商学院是学校理性思考的结果，是地方经济社会发展的必然选择，也是历史赋予学院的崇高使命。

一是适应地方经济社会特别是产业发展的客观需要，在满足湖北及武汉服务业人才需求方面具有不可替代性。武汉自古就是商业重镇，是全国重要的商业中心，服务业发展势头强劲。2011 年，我省人均地区生产总值已超过 4000 美元，根据国际经验，湖北省、武汉市将迎来服务业的高速发展期。国务院出台《服务业发展“十二五”规划》，提出到 2015 年，服务业增加值占国内生产总值的比重、服务业就业人数占全社会就业人数的比重较 2010 年都要提高 4 个百分点，成为三次产业中比重最高的产业；服务业从业人员素质明显提高，要加强人才培养开发和就业服务体系建设，将我国人口多的压力转化为人力资源丰富的优势。

湖北省和武汉市中长期人才发展规划表明，未来湖北及武汉服务业对高层次、高素质人才的需求量很大。据《湖北省中长期人才发展规划纲要（2010—2020 年）》，湖北服务业经营管理人才队伍缺口大，“到 2015 年应达 100 万人，到 2020 年达到 127 万人，具有大学本科及以上学历的人才将占到 70%”。《武汉市中长期人才发展规划》提供的数据表明，武汉服务业高级人才需求旺盛，到 2015 年人才总量将达到 87.4 万人，到 2020 年，将达到 110.8 万人。据测算，每年约需增加6万人左右（其中专科学历人才2万多，本科及以上学历人才4万多）。随着服务业新兴领域不断拓展，新型业态和新兴产业不断涌现，规模化、品牌化和网络化水平不断提升，需要大量更高规格的人才。

二是优化湖北及武汉地区高等教育结构，办好人民满意的教育的必然要求。武汉地区虽然高校林立，但独立设置的财经类本科院校凤毛麟角，主要面向服务业的本科院校更是缺乏。增设一所主要培养现代服务业人才的武汉商学院，可以进一步优化我省高等教育布局结构，丰富武汉地区高校的类型，填补独立设置商学院的空白，更好地服务高等教育强省建设。国内所有经济区域的龙头城市、中心城市都有商学院或工商大学，而作为以建设“国家中心城市”为目标的武汉，更有必要设置与之相适应的商学院。同时，与全国同类城市比，沈阳、杭州、南京、深圳、福州等地都有两所以上城市普通本科院校，正全力建设国家中心城市的武汉市也宜增设 1 所城市本科院校，从而形成“一所综合性本科大学、一所商科应用型本科院校、两所高等职业院校”的布局结构，促进武汉市本专科教育均衡协调发展，最大限度地提高教育投资的效益，充分发挥高等教育的功能。

学校召开申办“武汉商学院”动员大会

三是进一步提升学院办学水平的长远需要，有利于在构建现代职业教育体系中发挥积极作用。从全国范围来看，同样有着近30年办学历史的专科学校基本上都升格为本科院校。学院通过提升办学层次，才能进一步承担更高层次人才培养的任务，一方面可以继续保持和发扬培养高素质服务业人才的特色与优势；另一方面也可以为培育新的学科增长点和新的特色优势提供更大空间，对于主动适应区域经济社会发展，建设现代职业教育体系，培养应用型人才将起到积极作用，有利于把学院真正打造成省、市服务业人才的培养基地。

在以上背景原因和各方各级领导关心关怀下，2011年6月24日，学院向市政府提交《关于恳请市政府向省政府提出将组建武汉商学院列入省“十二五”地方高校设置规划的请示》。6月29日，市委副书记、市长唐良智听取学院工作汇报，表示支持申办武汉商学院。9月14日，市主要领导到校调研，专题研究解决学院申本工作的有关问题。9月28日，唐良智在学院汇报材料上批示将全力支持学院建设。2011年10月17日，省教育厅副厅长欧阳建平率发展规划处、高教处负责人到校专题调研申办武汉商学院工作。10月20日，副省长郭生练召集省政府副秘书长黄国雄以及市政府、省教育厅、市教育局相关负责人听取学院建设发展情况汇报，专题研究申办武汉商学院工作。11月21日，市政府再次向省政府呈送了《武汉市人民政府关于恳请同意组建武汉商学院并将纳入省“十二五”地方高校设置规划的请示》。在努力争取外部条件的同时，根据普通本科院校设置的规定和要求，学院制定了《2011年学院申本工作方案》，成立了10个申本专项工作组，对照《普通本科学校设置暂行规定》标准，对办学规模、学科与专业、师资队伍、教学与科研水平、基础设施、办学经费、领导班子七大指标逐一检查，找出薄弱环节和存在的主要问题，明确了建设重点。将工商管理等13个专业作为学院申本备选专业，初步形成了《申本专业论证报告》《专业建设五年规划》和《申本专业人才培养方案》，积极开展申办武汉商学院必要性和可行性的论证，已初步形成申办武汉商学院必要性和可行性的论证报告等材料。

2012年，全校教职员工充分发挥团结协作、甘于奉献、攻坚克难、勇于担当精神，全力投入申本工作中，取得了实质性突破。申办武汉商学院先后列入《武汉市教育发展“十二五”规划》和《湖北省地方高校设置“十二五”规划》。7月17日，省教育厅组织省高校设置评议委员会专家组对申办武汉商学院进行了考察评议，专家一致认为，学校办学条件已经达到教育部关于普通本科学校的设置标准。9月21日，省人民政府正式向教育部函报申请将武汉商业服务学院升格为本科层次的武汉商学院，建设一所主要培养服务业人才的应用型本科院校。12 月 15 日至 16 日，全国高校设置评议委员会专家组到学院进行实地考察，结论为“已经达到设置标准”。

2013 年 4 月，教育部批准将武汉商业服务学院升格为普通本科院校并更名为武汉商学院。武汉这个自古以来的商业重镇有了独立设置的商学院，武汉高等商业教育在建设现代化、国际化、生态化大武汉中，在高水平全面建成小康社会，全面开启城市复兴的新征程中，迎来聚变升华。武汉商学院的建立是适应地方经济社会特别是产业发展的客观需要，是优化湖北及武汉地区高等教育结构，办好人民满意教育的必然要求，是进一步提升学校办学水平的长远需要。

教育部设置高等学校专家组的专家考察学校

《武汉商学院报》刊登学校开展教育思想大讨论系列报道

二、转型发展

2014 年 9 月，湖北省教育厅批准学校成为湖北省首批向应用技术型大学转型试点院校。按照政策，试点高校须强化实践教学，培养学生动手能力的实践性课程教学需占整个课时比例的 30% 以上。按照省教育部门规划，从 2014 年开始，我省省属本科高校开展向应用技术型大学转型试点，建设一批按照企业需要和岗位需求时间培养人才，办学水平高、应用技术特色鲜明的普通本科高校，要求试点高校与企业签订实质性合作协议的覆盖率达到 85% 以上。试点高校将获得自行设置专业、聘请师资、一定范围内的招生自主权等办学自主权。

同年，学校加入全国应用技术大学联盟。学校制定了《武汉商学院转型发展试点总体方案》；牵头申报的《湖北省地方高校转型发展的理论与实践研究》获省教育厅立项并结题；召开 2014 年暑期工作会议，专题研究制定本科教育建设计划，借此推进学校转型发展。9 月 10 日，武汉大学与武汉商学院对口支持合作协议签字仪式，在市政府举行。时任武汉市市长唐良智、武汉大学校长李晓红出席签字仪式。该合作经省教育厅批准纳入了中央部委属高校与地方高校支持合作计划。学校进入转型发展特色应用型大学建设。

省领导到校调研应用技术型大学转型试点工作

我校参加应用技术大学联盟论坛

三、顺利通过本科教学合格评估

2018 年 12 月，学校启动迎接本科教学合格评估工作后，在迎评基础极其薄弱、评估时限紧迫的不利局面下，全校师生勠力同心，齐心行动，对照合格评估指标体系，依据“以评促建、以评促改、以评促管、评建结合、重在建设”方针，稳步推进评建工作。特别是 2020 年 11 月到 2021 年 4 月，校党委果断启动战时机制，成立评建工作指挥部，以每周一次评估工作推进会为抓手，深入推进应用型本科内涵建设。在评建过程中，学校的办学目标和办学定位进一步明确，师资队伍的结构得到了极大改善、数量有了较大增加，学校管理制度不断完善，校园软硬件建设得到加强，校园环境面貌发生了较大变化，教育教学改革不断深入，教学过程不断规范，教学中心地位进一步加强，教学质量进一步提升，应用型本科特色日益鲜明。

2021 年 4 月 26 日至 29 日，以盐城师范学院原校长薛家宝教授为组长的教育部本科教学工作合格评估专家组一行 9 人，对学校本科教学工作进行了全面深入的实地考察评估。专家组充分肯定了学校升本以来取得的成绩，学校的建设和发展成绩令人印象深刻，主要表现在六个方面：一是学校领导班子具有高度的责任心和使命感，紧紧围绕地方经济社会发展需要，以建设合格本科院校为基本目标，以发展为第一要务，以改革创新为动力，以提高教学质量为核心，以和谐稳定为前提，以党建和思想政治工作为保障，团结带领全校师生员工，坚持教学中心地位，努力推进从专科教育到本科教育的转变，从职业教育向多科性、应用型本科教育的转变；坚持立足武汉，面向湖北，辐射全国，贴近行业，为区域经济建设和社会发展做出积极的贡献。二是专业建设主动对接地方经济社会发展需要，初步形成了以管理学、经济学为主体，紧密对接区域产业结构的多学科协调发展的专业格局。三是学校明确了面向区域经济发展和行业一线，培养“基本理论、基本知识、基本能力实，敬业精神强，实践能力强，服务意识强”的应用型人才培养目标，坚持教学工作的中心地位，在不断深化教学改革、努力提高教学质量、着力营造应用型人才成长环境上狠下功夫，为武汉市及其周边培养了一批管理、服务、生产一线的应用型本科人才。四是学校积极探索产学研合作教育路径，努力构建合作育人的体制机制，促进了学生职业适应能力和实践创新能力的提高。五是学校高度重视师德师风建设和思想政治工作，构建了党委统一领导、教师工作部统筹协调、相关部门合力推进、二级党组织发挥主体作用的思想政治工作机制。六是学校在评建过程中制定了一系列规范本科办学的管理制度，促进了教学管理逐步科学化、规范化，促进了本科教学质量的逐步提高。同时，专家组对学校本科教学工作也提出了中肯的意见和建议。

2022 年 1 月 18 日，国务院教育督导委员会办公室下发《关于反馈 2020 年普通高等学校本科教学工作合格评估结果的通知》，武汉商学院顺利通过教育部普通高等学校本科教学工作合格评估，标志着学校人才培养质量和办学水平实现了新跨越，在学校发展史上具有里程碑式的意义。

2022 年 3 月 31 日，学校召开本科教学工作合格评估总结表彰暨整改工作推进大会，全面回顾总结了评建工作，表彰先进个人。全校 141 名同志荣获“武汉商学院本科教学工作合格评估先进个人”称号。

武汉商学院本科教学工作合格评估专家组意见反馈会

本科教学工作合格评估总结表彰大会上表彰先进个人

四、落实省委巡视反馈意见整改工作

省委巡视反馈意见整改工作动员部署会议

2021年11月18日，省委第十巡视组在学校行政楼多功能会议室召开巡视工作动员会。巡视组在会上指出，此次巡视是省委推进政治巡视全覆盖的统一部署安排，是督促学校党委加强以党的政治建设为统领的各项建设，增强“四个意识”、坚定“四个自信”、做到“两个维护”，更好履行职责使命的重要举措。巡视组将坚持以习近平新时代中国特色社会主义思想为指导，认真落实省委和省委巡视工作领导小组有关部署要求，聚焦监督重点，紧密结合武汉商学院党委的工作实际和特点规律开展监督检查。武汉商学院各级党组织和党员干部职工要提高政治站位，深刻领会、准确把握党中央和省委关于巡视工作的要求，不断提高政治判断力、政治领悟力、政治执行力，切实把思想和行动统一到党中央决策部署和省委工作要求上来，增强配合做好巡视工作的政治自觉、思想自觉和行动自觉，与巡视组同心同向、同题共答，共同完成好这次巡视任务。

省委第十巡视组于 2021 年 11 月 15 日至 12 月 30 日对武汉商学院党委进行了巡视。2022 年 3 月 8 日，省委第十巡视组向武汉商学院党委进行巡视反馈。省委第十巡视组组长周应佳传达了应勇同志在省委书记专题会议听取十一届省委第十一轮巡视综合情况汇报时的讲话精神，代表省委巡视组反馈巡视意见，省委组织部部务委员马锐出席会议并就整改工作提出要求，校党委书记刘志辉主持会议并作表态发言。

2022 年 3 月 31 日上午，学校召开落实省委巡视反馈意见整改工作动员部署会议，传达省委第十巡视组巡视反馈意见，安排部署省委巡视反馈问题整改落实工作。

学校积极整改落实巡视反馈问题，对照整改清单，认真研究，找准症结，即知即改，补短板，强弱项，以巡促改，以巡促建，确保条条有回应，事事有结果。2023 年已申请销号。

第二节 旗帜鲜明讲政治 坚定社会主义办学方向

武汉商学院党委理论学习中心组传达学习党的二十大会议精神

武汉商学院深入学习贯彻习近平新时代中国特色社会主义思想，深入贯彻落实党的十八大、十九大、二十大和中央历次全会精神，认真贯彻落实习近平总书记关于教育的重要论述，深刻领悟“两个确立”的决定性意义，增强“四个意识”、坚定“四个自信”、做到“两个维护”，牢牢把握社会主义办学方向，全面贯彻党的教育方针，落实立德树人根本任务，不断强化内涵建设，着力提升人才培养质量，努力办好人民满意的教育，举旗定向、系统擘画、凝心聚力、合力奋进，努力实现建设“特色鲜明、行业知名”的一流应用型商科城市大学目标。

2013 年，学校扎实开展党的群众路线教育实践活动。通过深入调研走访、召开不同层次代表座谈会、设置意见箱、开通网上信箱、开通热线电话、发放征求意见函等形式，就校领导班子和领导干部在“四风”方面存在的问题广泛征求意见，撰写对照检查材料、制定整改方案，召开民主生活会，确保教育实践活动取得实效。结合教育实践活动，以青年教师、新生、毕业生、“四难”学生为重点，组织开展全校“两访两创”工作。

2014 年，学校围绕学习贯彻党的十八大、十八届三中、四中全会和习近平总书记系列重要讲话精神，在各级干部中开展集中轮训。开展“我的中国梦”主题教育实践活动。落实党的群众路线教育实践活动整改方案。抓好教育实践活动整改项目落实、建章立制及“回头看”等工作。

2015 年，学校认真学习贯彻党的十八大，十八届三中、四中、五中全会精神和习近平总书记系列重要讲话精神。深入开展“严明政治纪律、严守政治规矩”主题教育活动，校领导参加省委、市委专题培训班，处级干部参加校内集中培训，各基层党组织开展集中研讨。学校顺利通过省高校党建和大学生思想政治工作督导巡视，获评市党建工作先进单位。

《习近平谈治国理政》（第三卷）辅导报告会

武汉商学院党委学习贯彻习近平新时代中国特色社会主义思想主题教育，党委理论中心组集中研讨

2016年，学校扎实开展“两学一做”学习教育。基层党组织依托“三会一课”“支部主题党日”，集中学习党章党规和习近平总书记重要讲话精神，分专题开展“合格党员大讨论”。组织各党组织书记和中层干部参加“两学一做”专题网络培训，全体党员参加全市教育系统“两学一做”网络知识竞赛，编印学习微手册。

2019年9月29日，武汉商学院“礼赞新中国”庆祝新中国成立70周年主题升旗仪式在致远广场举行

2017年，学校认真学习宣传贯彻党的十九大精神和习近平新时代中国特色社会主义思想。制定学校学习宣传贯彻党的十九大精神的方案。校领导带头讲十九大精神专题党课。各基层党支部通过宣讲会、主题党日等活动深入学习贯彻十九大精神。举行“十九大精神进高校”专场宣讲会，成立“习近平新时代中国特色社会主义思想学生宣讲团”。邀请省委宣讲团成员来校宣讲十九大精神。

2018年，学校深入学习贯彻习近平新时代中国特色社会主义思想和党的十九大精神。开展十九大精神系列宣传活动，开辟十九大精神学习专栏，邀请市委宣讲团成员来校作十九大精神专题宣讲，校领导带头讲十九大精神专题党课，师生到社区、农村开展十九大精神宣讲活动10余场次。坚持党委领导下的校长负责制，贯彻落实民主集中制，坚持“三重一大”事项集体决策。持续推进“两学一做”学习教育，落实“三会一课”等制度，推行支部主题党日活动“规定动作 +”规范，不断提高活动质量。

2019 年，学校扎实推进“不忘初心、牢记使命”主题教育。全校基层党组织实现主题教育全覆盖，学习教育、调查研究、检视问题、整改落实四项重点措施贯穿始终、同步推进。制定实施《中共武汉商学院委员会“思想引领、学习在先”制度》《武汉商学院党委理论学习中心组实施办法》，推动习近平新时代中国特色社会主义思想入脑入心。“学习强国”平台学习在全校基层党组织全覆盖。

2020 年，学校出台《关于加强学校党的政治建设的实施措施》等 9 个文件，构建党建与思想政治工作的“四梁八柱”。制定巩固深化“不忘初心、牢记使命”主题教育成果实施方案、学习贯彻党的十九届五中全会精神工作方案。做好纪念中国人民抗日战争暨世界反法西斯战争胜利 75 周年、纪念中国人民志愿军抗美援朝出国作战 70 周年宣传教育活动。

2021年12月，中共武汉商学院第一次代表大会在大学生活动中心成功召开

2021 年，学校成功召开第一次党代会，总结了升本以来学校发展的成绩和经验，分析了当前面临的机遇和挑战，确立了学校发展进入新阶段后的目标任务和发展战略，对全面开创一流应用型商科城市大学建设新局面进行了具体部署，对纵深推进全面从严治党提出了明确要求，选举产生了中共武汉商学院第一届委员会和纪律检查委员会。党代会报告明确，到 2025 年，学校对接武汉经济社会发展重大需求、面向现代服务业的学科专业体系形成，人才培养质量进一步提高，积极发展研究生教育。2025 年到 2035 年，学科特色和优势基本形成，

人才培养体系更加完善，科学研究与服务区域经济社会发展的效果更加显现，整体办学实力明显提升，获得硕士学位授予权，基本建成“特色鲜明、行业知名”的一流应用型商科城市大学。从2035年到21世纪中叶，建成若干地方一流学科和特色学科群，对区域经济社会发展形成重要支撑，武汉商学院将力争获得博士学位授予权，形成完善的现代大学制度体系，实现治理体系和治理能力现代化，综合实力迈入地方院校和国内同类院校前列，全面建成“特色鲜明、行业知名”的一流应用型商科城市大学。同年，开展“庆祝建党100周年”系列主题教育和实践活动。

2022年，学校深入学习宣传贯彻党的二十大精神，开展党委理论学习中心组专题研讨，举办处级领导干部专题学习读书班，开展青年学生“喜迎二十大、永远跟党走、奋进新征程”主题教育活动、庆祝建团100周年系列学习教育活动，积极推进党的二十大精神“三进”工作。

2023年，学校深入开展学习贯彻习近平新时代中国特色社会主义思想主题教育。抓好理论学习，校党委理论中心组开展学习和研讨17次，校党委会上传达学习习近平总书记重要讲话、指示批示精神54件，举办主题教育读书班，安排3次专题辅导报告、3次集中研讨、1次网络专题课程学习。领导班子成员结合学习体会和实际工作，到基层党组织讲专题党课。校院两级领导班子结合工作实际有针对性地开展调查研究，完成相关问题清单83项，提高了师生幸福感和安全感。召开主题教育专题民主生活会。高标准高质量完成主题教育各项目标任务。持续做好省委巡视反馈问题整改落实工作。

第三节　从严治党强落实
党建引领学校高质量发展

学院进一步提升基层党组织建设水平。实现校、院两级领导班子成员指导联系党支部党建工作全覆盖，落实处级党员干部联系新生班级、学生寝室，35岁以下非党员青年教师配备党员导师等基层联系制度。建成省属高校首个智慧党建教育中心，深入拓展新时代教师党支部书记“双带头人”培育工程和学生党支部“党旗领航”工程，教师党支部书记实现“双带头人”全覆盖，形成一批“党建+”特色品牌，5项党建成果受市教育系统“三类十佳”表彰。开展落实中央八项规定精神及其实施细则情况监督检查、形式主义官僚主义专项整治和不担当不作为等作风专项治理。充分发挥基层党组织和党员的先锋模范带头作用，仅仅2022年就组织618名党员干部下沉社区服务4000余次，与对口联系的5个社区共建项目30个。2023年成功获批全省高校基层党建“标杆院系”1个、“样板党支部”1个。

智慧党建教育中心

2022年9月，学校召开全面从严治党专题调研座谈会

2023年9月，学校举办主题为“加强纪律教育、筑牢廉洁防线”廉政原创书画展

着力加强干部队伍建设。近5年以来，提拔选任干部情况如下：

2019年，配合完成2名市管正局级领导干部推荐考察工作，调入1名副校长，增强了校领导班子力量。推荐5名正处级领导干部作为省委组织部优秀干部人选。启动军转干部定级、科级干部选拔任用工作。做好3名军转干部及1名随调家属岗位安置工作。选派各级各类干部参加省市级培训二十余人次。开展处级干部能力提升暨基层党组织书记培训班。

2020年，选拔任用7名正处级干部、10名副处级干部，完成7名处级干部轮岗调整。任命29名管理岗位人员，明确33名专职辅导员管理岗位等级。明确3名副教授负责相关学院教学、科研管理工作。组织49名处级干部填报领导干部个人有关事项并进行抽查，对存在漏报、瞒报情形的干部依法依规给予严肃处理，进一步提高干部队伍严紧实的工作作风。认真贯彻执行老干部工作方针政策，落实好老同志政治待遇、生活待遇，积极发挥老干部在学校建设发展中的优势和作用。完成学校老年协会换届工作，进一步增强了老干部工作的活力。

2021年，提拔9名正处级领导干部、4名副处级领导干部，完成10名处级领导干部轮岗调整工作。任命56名专业技术人员科级干部。组织处级领导干部参加党的十九届五中、六中全会精神学习等网络培训班，组织党务人员赴复旦大学参与专题培训。完成53名领导干部个人有关事项报告集中填报工作。落实好离退休老干部政治待遇和生活待遇。

“光荣在党50年”表彰大会

2022年，配合上级完成1名正局级领导干部选拔任用。提拔使用4名正处级领导干部、4名副处级领导干部，调整5名处级领导干部岗位，进一步优化了干部队伍结构，基本配齐二级单位领导班子。健全完善处、科级干部选拔任用及管理工作制度。开展干部工作调研，初步建立年轻干部信息库，发现表现优秀的干部87人。开展年轻干部能力素质提升班。推荐1名省政协委员，推荐7名干部到市、区属企业和社区挂职锻炼。完成53名领导干部个人有关事项报告集中填报工作。落实好离退休老干部政治待遇和生活待遇。

2023年，严格按照《党政领导干部选拔任用工作条例》和有关干部工作政策开展干部选拔工作。配合市委组织部完成2名正局级领导干部选拔任用。提拔使用2名正处级领导干部、16名副处级领导干部、10名科级干部。组织40名处、科级干部赴西南财经大学参加干部素质能力提升培训班。开展基层党组织书记、党务工作者培训。举办学校领导干部履职能力培训班，对2022年以来新提拔的处级领导干部和优秀年轻干部共60人开展履职能力培训。

学校党委书记认真履行全面从严治党第一责任人责任，领导班子其他成员落实“一岗双责”要求。校党委定期研判意识形态工作，牢牢掌握意识形态工作领导权、管理权、话语权。修订（制定）学校意识形态工作责任清单、意识形态工作联席会议制度、网络舆情突发事件处置应急预案、校园宣传阵地管理办法等意识形态工作制度。守牢课堂、讲座、网络等意识形态阵地，管好用好新媒体，对各种网络平台实施全天候立体监控和全方位舆情监管，发现舆情按规定及时处置。

第四节 人才培养有特色
聚焦立德树人根本任务

学院每年开展红色“打卡”思政实践活动，图为2021年“献礼建党百年 寻访红色地标”活动

学院持续推进“三全育人”综合改革，聚焦“五个思政”，不断提升大学生思想政治工作水平。出台《关于进一步加强学校思想政治工作体系建设的意见》和“三全育人”综合改革实施方案。2018 年成立党委教师工作部，制定师德师风考核管理办法，2020 年评选出第一届师德楷模、师德先进个人 16 名，2021 年开展“养德修为”师德师风主题教育活动。加强马克思主义学院建设，出台学校关于加强新时代马克思主义学院建设、校领导带头抓思政课、全面推进“大思政课”建设等实施方案，开展课程思政示范课程建设，推动“思政课程”与“课程思政”协同育人。校领导带头为学生讲思政课，校党委书记、校长分别带领学生到八七会议会址纪念馆、中国桥梁博物馆现场讲授思政课。2021 年（2023 年才批复的，2023 年 4 月，湖北省委教育工委、省教育厅下发了《关于公布大中小学思政课一体化共同体建设综合改革试验区和示范校名单的通知》）学院

作为牵头单位之一，扎实推进大中小学思政课一体化共同体建设，挂牌建立 10 个大思政课实践教学基地。4 月 26 日，大中小思政课一体化共同体建设（武汉商学院）启动会在学校召开，商定了大中小学思政课一体化共同体（武汉商学院）建设实施方案。全面开设《习近平新时代中国特色社会主义思想概论》课程，调整规范《形势与政策》课程。将课程思政落实情况纳入学院年度考核指标，遴选立项 15 门课程为思政示范课程建设项目。不断推进网络思政工作创新，获得全国优秀易班辅导员、易班工作站站长、易班共建案例 3 项荣誉。持续深化学生“知行行动”，开展“劳动教育月”系列活动，师生共建劳动教育实践基地。推进“一站式”学生社区综合管理模式建设，出台进一步加强学生意见建议沟通及处理机制的实施意见。开展学术技能节、新枫读书节、社团嘉年华等校园文化活动。开展“学习二十大、永远跟党走、奋进新征程”主题团日活动、纪念五四运动 104 周年系列主题活动。组织辅导员培训，着力提升辅导员开展思想政治教育、化解学生矛盾纠纷、应急处理突发事件等方面能力。学校获共青团中央颁发的中国青年志愿者优秀组织奖，同时被评为湖北省文明单位、湖北省平安校园、全省高校征兵工作突出单位、全市征兵工作先进单位。

2017 年 7 月，英国皇室安妮公主来汉，并出席在学院举办的中英马术运动发展战略合作签约仪式。图为安妮公主参观学院国际马术馆

围绕高等教育办学要求初步形成商科本科教育体系。学校把升本后如何形成特色鲜明的本科教育体系作为重中之重的任务来抓。2021 年，学校顺利通过教育部本科教学工作合格评估，学校的办学目标和办学定位进一步明确。通过制定“十四五”本科专业建设发展规划，优化专业结构布局，面向现代服务业

建设经管商贸、旅游与食品、休闲体育、人工智能四大专业群，实行“新专业、新模式、新课程、新理论”四位一体建设模式。开设的38个本科专业中，30个专业面向现代服务业，初步形成了以面向现代服务业的专业为主体，紧密对接区域产业结构，服务国家战略和地方经济社会发展的应用型专业布局。学校打破学科壁垒，鼓励人文社会学科与理工学科深度交叉融合，获批“现代服务业与信息技术”湖北省优势特色学科群，探索推动创新型复合型人才培养。人才培养质量进一步提高，探索了“集群融合、产教融合、通专融合”的人才培养路径，“三新三强三融合”新商科应用型人才培养体系日益完善，应用型本科特色更加突出。用人单位对毕业生总体认可度达到97%以上，学生就业率近三年均高于全省平均水平两个百分点。

2019年第七届世界军人运动会期间，泰国公主思蕊梵与学校领导交换纪念品

学生在哈佛学院留学，开展国际交流

“外国网红解码幸福武汉”大型融媒体采访活动，学院是活动唯一高校设置点

邀请华人马术比赛世界冠军华天来校授课

2023 年 9 月 15 日至 16 日，由武汉商学院、应用型大学通识教育国际联盟主办的第五届通识教育与当代发展国际学术会议在武汉举行

统筹推进发展规划、评估、学科建设和高等教育研究工作，提升学校核心竞争力。出台并实施学校“十四五”事业发展规划及专项分规划。成立学科建设办公室，统筹做好学科建设和申请硕士学位授权单位工作，逐步形成特色鲜明、结构合理的学科体系，2023 年正式启动硕士学位授予单位和授权点建设工作。认真落实本科教学合格评估整改，完成整改工作报告，启动本科教育审核评估工作。出台联合培养硕士研究生管理办法，与天津体育学院联合培养硕士研究生。做好高等教育研究工作，编发《发展与改革动态》，制定学校贯彻落实《深化新时代教育评价改革总体方案》的工作方案。

深化拓展国际交流与合作。作为湖北省内首开中德合作办学学历教育项目的高校，武汉商学院现有 3 个中外合作办学项目和 6 个中外校际交流项目。与加拿大皇家大学等 5 所海外院校签订友好协议，与英国皇家农业大学续签友好协议等，学校友好大学总数达到 71 所。2017 年 7 月 6 日，与英国马协签订中英马术运动发展战略合作协议。

学校中外联合办学项目情况一览表①

项目类别	项目名称	国外大学名称	专业名称
中外合作办学项目	中德合作办学物流管理本科教育项目	德国埃森经济管理应用科技大学	物流管理（中外合作办学）
	中德合作办学汽车制造与试验技术专科教育项目	德国北黑森应用技术大学	汽车制造与试验技术（中外合作办学）
	中德合作办学旅游管理专科教育项目	德国北黑森应用技术大学	旅游管理（中外合作办学）
中外校际交流项目	中英财务管理专业（ACCA）国际会计本科项目	英国博尔顿大学	财务管理
	中瑞酒店管理专业国际本科项目	BHMS瑞士工商酒店管理学院	酒店管理
	中英软件工程专业本科项目	英国博尔顿大学	软件工程
	中英马业科学专业本科项目	英国皇家农业大学	马业科学
	CFA(特许金融分析师)国际联合培养实验班本科教育项目	英国考文垂大学	经济与金融、国际商务、商务经济学、经济统计学
	中英英语语言教学（TESOL）专业本科项目	英国奥斯特大学	商务英语
	中英国际创新班人工智能本硕项目	英国奥斯特大学	人工智能

① 此表数据截至 2023 年。

境外友好大学名录（部分）

国家（地区）	学校名称
英国 the United Kingdom	英国皇家农业大学 Royal Agricultural University
	英国博尔顿大学 University of Bolton
	英国斯旺西大学 Swansea University
	英国奥斯特大学 Ulster University
	英国考文垂大学 Coventry University
	英国利物浦约翰摩尔大学 Liverpool John Moores University
	英国密德萨斯大学 Middlesex University
新加坡 Singapore	新加坡南洋理工大学 Nanyang Technological University， Singapore
日本 Japan	日本大分大学 Oita University
	日本武藏野大学 Musashino University
	日本文理大学 Nippon Bunri University
法国 France	法国雷恩高等商学院 Rennes School of Business
	法国波尔多蒙田大学 University of Bordeaux Montaigne
马来西亚 Malaysia	马来西亚城市大学 Malaysia City University
	马来西亚成功礼待大学 Malaysia Success Hospitality University
加拿大 Canada	加拿大麦科文大学 MacEwan University
	加拿大皇家大学 Royal Roads University
	加拿大三河城魁北克大学 University of Quebec at Trois—Rivières

续 表

国家（地区）	学校名称
德国 Germany	德国北黑森应用技术大学 DIPLOMA Fachhochschule Nordhessen
	德国埃森经济管理应用科技大学 FOM
	德国洪堡大学 Humboldt University
	德国杜伊斯堡—埃森大学 University of Duisburg—Essen
	德国波鸿鲁尔大学 Ruhr University Bochum
新西兰 New Zealand	新西兰商学院 New Zealand Business School
	新西兰林肯大学 Lincoln University，New Zealand
	新西兰奥克兰商学院 Auckland Business School，New Zealand
荷兰 Netherlands	荷兰中华马学院 Chinese Horse Academy
	荷兰威登堡应用科技大学 Wittenberg University of Applied Sciences
瑞士 Switzerland	瑞士洛桑酒店管理学院 Lausanne School of Hotel Management
	瑞士BMHS管理学院 BMHS School of Management，Switzerland
西班牙 Spain	西班牙穆尔西亚ENAE商学院 ENAE Business School，Universidad de Murcia
韩国 Republic of Korea	韩国又石大学 Woosuk University
	韩国全北大学 Chonbuk University
澳大利亚 Australia	澳大利亚莫道克大学 Murdoch University
美国 the United States	美国诺斯伍德大学 Northwood University
	美国亚利桑那大学 University of Arizona

续 表

国家（地区）	学校名称
捷克 Czech Republic	捷克生命科学大学 Czech University of Life Sciences
波兰 Poland	波兰奥尔什丁瓦尔米亚马祖里大学 Warmia Masuria University in Olsztyn， Poland
塞浦路斯 Cyprus	塞浦路斯欧洲大学 European University of Cyprus
泰国 Thailand	泰国格乐大学 Klang University，Thailand
白俄罗斯 Belarus	白俄罗斯维捷布斯克国立工艺大学 Vitebsk State Technical University， Belarus
中国香港地区 Hong Kong，China	香港岭南大学 Lingnan University of Hong Kong
中国台湾地区 Chinese Taipei	台湾东南科技大学 Southeast University of Science and Technology，Taiwan
	台北商业大学 Taipei University of Commerce

第五节　服务社会有担当
建设一流商科城市大学

作为湖北省第一批转型发展试点院校，学校紧密结合国家和区域经济社会发展需求，按照“坚持差异发展，发挥比较优势，服务地方经济，满足社会需求”的学科专业建设思路，积极设置与“互联网+”“中国制造2025”等战略性新兴产业相关的专业，形成了专业、职业、企业、行业、产业“五业一体”的应用型人才培养生态结构，推动教育资源向服务国家、区域主导产业和特色产业发展的专业集群汇聚。2014年，武汉商学院率先加入全国应用技术大学（学院）联盟，成为湖北省首个加入该联盟的高校。2017年，学校开设湖北省首个机器人工程本科专业，邀请华中数控、华中激光、东风等知名企业全程参与专业建设，定制人才培养方案。2019年，学校开设零售业管理专业，填补了全省本科零售管理专业的空白。2020年，学校在全省首开马业科学专业，培养马术“全能型”人才。同年，武汉市商业经济学会落户学校，学校与学会联手，在商业经济平台上同频共振、优势叠加，服务武汉经济社会发展。2021年7月，“国家马术学院”在武汉商学院挂牌，学校携手中国马术协会开创了全国马术运动体教融合的新模式。2023年获批湖北省工程研究中心1个，该工程研究中心是学校首个省部级学科建设平台。

助力服务区域经济社会发展。学校先后与武汉经济技术开发区、蔡甸区、神农架林区、仙桃市等地签订校地战略合作协议，与武汉市科技局、商务局、旅游局、体育局建立全面战略合作关系，与近200家企业签订校企合作协议，共建实习实训基地。通过政府、行业、企业、学校四方深度合作和通专融合培养路径，学校搭建了“敬业精神强、实践能力强、服务意识强”的“三强”应用型人才培养平台，重点培养服务区域经济社会发展所需要的高素质应用型人才。学校先后派出14名专家对口支援十堰市竹溪县和郧阳区发展旅游特色产业、推介饮食文化、培养专业人才，助力湖北省非物质文化遗产“竹溪蒸盆”品牌化、规模化、产业化发展。2018 年第十批科技成果转化武汉商学院专场签约活动上，共 18 个项目在武汉落地实施，签约金额 1.5 亿元。

化专业特色为服务动力，积极服务国家战略需要。2019 年学校圆满承办第七届世界军人运动会马术、现代五项比赛和现代五项亚锦赛。学校是军运会唯一设有三个比赛场馆、承办两大赛事的高校。高质高效完成游泳馆、驭马体育公园建设和体育馆改造工作，其中游泳馆项目获湖北省建筑结构优质工程奖、武汉市建设工程黄鹤奖金奖，驭马体育公园项目获湖北省示范工程金奖、武汉市市政工程金奖。完成小型室内马术场、马医院、驭马体育公园配套设施及马匹违禁品检测中心功能性改造等配套项目建设。共有 244 名教职工、1039 名学生志愿者为军运会服务，接待国内外到访人员近 1300 人次。军运会结束后即投入 2019 年现代五项亚洲锦标赛暨 2020 东京奥运会亚洲 / 大洋洲资格赛的承办工作，共有 213 名志愿者、89 名安保人员、166 名工作人员，为 13 个参赛国家和地区的 226 名运动员和技术官员服务，学校也成为军运会后首个承办国际性赛事的高校。

不断提升科研水平。学校是武汉市商业经济学会会长单位，现有 36 个科研机构（平台），建有省级优秀中青年科技创新团队 6 个。获批国家社科基金项目 1 项、国家自科基金项目 3 项、全国教科规划项目教育部重点项目及省委重大调研课题基金项目 14 项。公开发表高水平论文 800 余篇。获授权专利、计算机软件著作权 400 余项。主动对接政府行业企业需求，承接横向项目 300 余项，主持制定《中国马术“十四五”发展规划》《湖北一日游服务规范》《冷链物流城市共同配送之托盘使用标准》等多项发展规划和标准。获市级以上科研奖 130 余项。2021 年校史馆获批全国首批科普教育基地。

多年来，武汉商学院紧紧围绕地方性、应用型本科高校的办学定位，坚持“转型提升、内涵发展、开放办学、特色名校”的发展战略，把深化改革作为强大动力，以专业与课程建设为核心，以“产教融合、协同育人”为主要路径，加速提升学科专业建设，形成了面向现代服务业的“三强”应用型人才培养体系，冲刺建设一流应用型商科城市大学。

第六节　依法治校夯基础
不断提升校园治理水平

学校经历“十二五”和“十三五”，启程“十四五”，在此期间，精心制定发展规划，逐步强化应用型的办学定位和建设国内应用型一流大学的办学目标，并围绕定位和目标调整和优化办学结构，规范和加强学校管理，完善管理体制和运行机制，提升管理水平和办学能力，为推动基础能力建设、综合改革和发展战略的实施奠定了良好基础。随着现代大学制度建设的推进，学校认真落实党委领导下的校长负责制，完善教职工代表大会制度，推进大学章程的建设，建立起“党委领导、校长负责、依法治校、民主管理”的内部治理结构，逐步实现从管理向治理的跨越。

一、着力加强现代大学制度建设

（一）不断完善依法治校和民主管理

积极推进依法治校，学校章程修订案经省教育厅核准后公布实施，明确办学理念、治理结构、基本权利义务等一系列重大问题，成为学校构建现代大学制度、推进依法治校里程碑。严格落实保密工作责任制，切实加强保密学习培训和宣传教育。2023年成立预算管理委员会，修订完善国有资产、固定资产管理办法。做好校园绿化和环境保护工作，厉行节约反对浪费，完成节水型高校创建，被认定为“无废事业单位”。组织召开学校教职工代表大会暨工会会员代表大会，不断深化党务公开、校务公开，切实保障教职工在学校改革发展中的知情权、参与权、表达权和监督权。坚持校领导接待日、行政与工会联席会议等制度，积极解决教职工普遍关心的问题。发展规划与基础建设持续加强，完成学校“十四五”事业发展规划及各专项规划编制工作。

坚持校领导接待日制度，通过书记信箱、校长信箱、座谈会等方式，及时倾听师生诉求、建议并解决实际问题。2014 年召开武汉商学院第一届教职工代表大会暨第一届工会会员代表大会，成立劳动人事争议调解委员会，校工会被评为武汉市教育战线工会工作优胜单位。2015 年，制定二级教职工代表大会实施细则，坚持行政与工会联席会议制度，将听取师生建议作为常态化工作抓好抓实。2017 年，成立民建市直武汉商学院支部和武汉知识分子联谊会武汉商学院分会，制定《关于进一步加强与党外代表人士联系交友的意见》，鼓励党外代表人士积极建言献策、发挥作用。2020 年，学校获评市教育系统民主管理（教代会）四星级单位。2023 年，不断深化党务公开、校务公开，切实保障教职工在学校改革发展中的知情权、参与权、表达权和监督权。组织召开学校第二届五次教职工代表大会暨工会会员代表大会，提案办理满意率 100%。召开行政与工会联席会议，研究解决教职工反映较突出的 8 个问题。

（二）修订并颁布《武汉商学院章程》

2018 年，党中央召开新时代第一次全国教育大会后，对高等教育改革发展作出了一系列新的决策部署，高等学校改革发展进入新的发展阶段。2022 年，为适应新的要求，学校党委决定启动《武汉商学院章程》修订工作。

学校新建马术比赛场地

马术障碍赛比赛场地

现代五项（马术）比赛跑射联项场地

湖北省高校唯一的国际甲级恒温游泳馆

学校建设国际一流标准的“现代五项”马术场地游泳馆

马影河校区建成效果图

2022年5月，学校正式启动章程修订工作。2022年6月，相关部门经过调查研究、修改完善，形成了《武汉商学院章程（修订草案）》（征求意见稿）。2022年6月至10月，通过网络、座谈会等多种形式，向学校职能部门负责人、学术组织负责人、教师代表、学生代表、民主党派代表、离退休教职工代表、广大校友和关心支持学校发展建设的社会各界人士广泛征集意见，共收到反馈意见76条。相关部门汇总修订意见，形成了《武汉商学院章程（修订案草案）》（以下简称《草案》）。

本次章程修订以习近平新时代中国特色社会主义思想为指导，全面落实习近平总书记关于教育的重要论述和全国教育大会精神，与党的二十大最新精神相结合，与学校第一次党代会的部署要求和“十四五”规划的制定落实相结合，强化学校全面贯彻党的建设和思想政治工作的要求，着力凝练学校办学特色，对《章程》修订了 30 处。修订后的《草案》有 9 章 75 条，主要修订内容包括强化党建和思想政治工作要求，完善办学目标，完善内部管理制度，明确了学校校训、校旗、校徽（包括徽志和徽章）。2022 年 11 月 15 日，学校教代会联席会审议通过了《草案》并上报党委会批准后上报教育厅。2023 年 7 月 14 日，《湖北省教育厅关于同意对湖北大学等 26 所高校章程部分条款进行修改的批复》（鄂教政法函〔2023〕1 号）修订后的《武汉商学院章程》正式发布实施。

（三）加强制度建设

2014 年，学校制定了《制度建设实施方案》《章程制定工作实施方案》《规章制度制定暂行办法》；修订完善《武汉商学院绩效管理办法（试行）》和评分细则，完成相关工作，首次正式纳入市绩效管理，获全市综合考评立功单位；加强法律事务工作，审查合同、协议 70 余件；进一步规范财务管理，出台创收与服务收入管理办法、差旅费管理办法、二期建设资金管理办法等制度，启用新的财务管理系统；做好租赁经营性资产清理、产权登记及 41 个项目的招标采购工作；出台《校内津贴分配方案补充规定》，降低了专任教师额定课时并提高超课时课酬；按照岗位、职务提高了人事代理人员薪酬待遇；推进档案工作规范管理等级评审达标工作，制订、修订一系列档案工作制度，通过档案工作年度绩效考核。

2015 年，加强制度体系建设，完成学校章程起草、送审工作和制度选编工作，制定实施督办工作办法。成立法律服务中心，为学生提供法律咨询服务。继续做好绩效管理工作，获评全市绩效管理和领导班子综合考评先进单位。完善校院（系）两级管理。档案工作规范管理等级评审达到 AA 级。

2016 年，《武汉商学院章程》经省高校章程核准委员会审议通过并正式发布。编印《武汉商学院制度选编》（下册），收入 2015 年底至 2016 年底制定、修订、出台的制度共计 64 个。成立学校法治建设领导小组，聘请了学校常年法律顾问，积极推进“法治惠民”重点工作，成立“大学生法律咨询服务中心”并定期开展法律咨询活动。

2017 年，省教育厅核准发布《武汉商学院章程》，在此基础上学校加快建章立制，全年出台制度 90 余个，编印制度汇编，收入制度 218 个。聘请常年法律顾问，为学校重大决策及有关事项提供法律咨询和服务。积极推动普法工作，切实加强法制教育力度，开展法制宣传教育月、第二届“金融节”暨打击和防范“非法校园贷”宣传教育、“模拟法庭”等活动。大学生法律咨询服务中心全年接待法律咨询 100 余次。

2018 年，将《宪法修正案》的学习纳入党委中心组和教职工学习计划。组织各级干部参与网络普法学习，参学率 98.6%。进一步完善制度体系，全年出台管理制度 60 余个。法律顾问团队为学校审查文件 374 份，处理专项法律事务 12 件、法律纠纷 6 件。积极开展法治惠民活动，通过“新青年下乡”和学校法律服务中心，送法律进社区、进农村。

2019 年，修订学校绩效管理办法。制定《关于建立贯彻落实习近平总书记重要讲话重要指示批示精神督办回告机制的规定》，修订学校督办工作实施办法。

2020 年，做好“七五”普法工作，发布以案释法典型案例 77 篇、普法新闻和法治微信 260 余篇、抖音普法视频 15 条，制作民法典宣传动画短片 6 部，开展民法典专题讲座 1 场。继续组织科级以上干部参加全省无纸化学法用法工作。

2021 年，做好“八五”普法工作，制作普法视频 5 条，制作普法专题网页并上传稿件 154 篇。组织科级以上干部参加全省无纸化学法用法工作。法律顾问律师团队参与审查学校各类文件 1214 份，就 20 件专项法律事务提供法律建议。全年出台 26 个制度，进一步完善了学校管理制度体系。不断规范资金和资产管理，修订财务报销管理办法、国有资产管理办法、固定资产管理办法。依法依规完成招标项目 44 项、结算审计项目 48 项、备案审计项目 98 项。

2022 年，全面推进依法治校，落实普法责任清单，成立学校“八五”普法讲师团并开展 2 次普法宣讲活动。开展学校章程修订工作，形成《武汉商学院章程（修正案）》并上报。进一步完善学校管理制度体系，共出台制度 47 个。加强统筹协调和督办，完善线上督办、线下核实工作机制。规范做好学校资产管理和资产清查工作。

2023 年，积极推进依法治校，学校章程修订案经省教育厅核准后公布实施，在此基础上开展了规章制度“立改废”工作，编印学校制度和规范性文件汇编，共收录 2013—2023 年期间的制度和规范性文件 381 个。进一步提升档案工作规范化、科学化水平，修订 11 个档案工作制度，出台学校法律事务管理办法。

二、着力改善办学条件

做好学校基础建设工作。2018—2020 三年间学校共投入 1.3 亿建设游泳馆，投入 1.2 亿元建设驭马体育公园，投入 8800 万元建设新学生宿舍，使学校整体形象提档升级。2022 年 7 月，武汉商学院马影河校区及周边基础设施配套项目正式启动。新校区规划用地面积 280 亩，总投资 11 亿元，工程计划于 2026 年前完工，可满足 4000—5000 名学生学习、生活的需要。新校区将建设马匹兴奋剂检测中心、马术培训与考试中心，与原有校区的马术教学及训练场地有机衔接，为马术特色专业学科建设、科学研究、社会服务等提供完善的条件保障，将进一步助力马术学院打造成为国内一流、国际知名的专业学院，引领全国马术人才培养。2022 年 9 月，南校区新建大学生中心项目建成并投入使用，一层主要设置为学生事务服务区、多功能厅、会议室、实验小剧场、排练室等；二至三层分别为乒乓球训练馆及羽毛球训练馆，并配套设置卫生间、更衣室、器材室等房间；四层主要设置为体育学院办公室、会议室、活动室、器材室等。到 2023 年底，图书馆维修改造项目竣工并验收；南校区新建食堂项目投入使用；室内马术馆项目已开工建设。同时完成南北校区停车位充电桩建设、加装室外电梯、用水监控平台建设、电力增容等专项建设工程。积极推进网络安全和信息化建设，完成数据安全一期、信息门户升级等项目建设，建成校级统一数据中心；开展校园地理共享平台、校园云盘等信息化应用服务建设，提升信息化服务水平。目前学校教室均安装智能化多媒体教学设备，已经全面实现教学手段的信息化、现代化。学校还充分利用宿舍、教学楼、办公楼的公共区域，建设了一批“智慧教学区”，拓展符合学生学习和成长需求的智慧学习空间。学生宿舍以四人间为主，宿舍楼内设置有洗衣机、烘干机、洗鞋机、饮水机等设施，每个宿舍都安装了空调，生活舒适便利。武汉商学院的办学条件和硬件水平达到了高水平新水准。

南区大学生中心

经济管理实验教学中心大楼

学校鸟瞰图

三、着力加强文明校园创建

武汉商学院坚持文明校园创建与内涵建设同步、常态创建与长效机制并重、特色发展与高质量发展齐抓，大力推动教育强国和教育强校建设而不懈奋斗。连续 12 年获批省级文明校园称号。学校党委将文明创建工作列进学校“十二五”“十三五”“十四五”发展规划和每年度工作要点。以立德树人为根本，以学生为中心，加强师德建设，重点围绕领导班子建设、思想道德教育、活动阵地建设、教师队伍建设、校园文化建设、整洁优美环境等方面开展工作。

（一）理论武装与价值引领并行，抓实思想道德建设

坚持落实并持续完善党委中心组和教职工政治理论学习制度，分层分类举办处级干部、党务干部、青年干部专题研讨班，每月举办支部主题党日，先后

扎实开展“党的群众路线教育实践活动”、“两学一做”学习教育、“不忘初心、牢记使命”主题教育、开展党史学习教育、学习贯彻习近平新时代中国特色社会主义思想主题教育，掀起持续广泛的“大学习”热潮。建立校地联合工作机制，与湖北国土资源职业学院、武汉商贸职业学院、黄陂区教育局教学研究室、黄陂区祁家湾中学、黄陂区第七高级中学、武汉盘龙城经济开发区刘店学校等建立联合工作组。着力建设“武汉商学院大中小学思政课一体化共同体”，共同推进大中小学思政课一体化理论研究和实践探索。

（二）能力建设与作风建设并重，抓实领导班子建设

坚持和加强党对学院工作的全面领导。贯彻落实党委领导下的校长负责制，进一步加强党委会议和院长办公会议议题管理，落实“三重一大”决策制度，严格执行“第一议题”制度。着力提升办学治校水平。有序推进依法治校，完成学院章程修订；有序优化内部治理体系，调整优化内设机构科室设置；着力巩固良好政治生态。采取加强对“一把手”和领导班子监督的若干举措和激励干部担当作为的措施，开展全面从严治党主体责任落实情况检查，持续开展党风廉政教育月活动，营造风清气正的办学环境。

（三）师德教育与业务引领并举，抓实师德师风建设

持续开展师德师风教育。连续 15 年开展师德师风主题教育，引导广大教师争做“四有”好老师、“四个引路人”。成立党委教师工作部，加强教师师德师风建设工作。创新实施师德师能双促行动。积极完善“三四制”师德建设模式，组织开展“师德建设月”活动，实施教师党支部书记“双带头人”培育工程，健全师德考核制度和激励机制，实行师德一票否决，将师德表现作为教师评奖评优的首要条件。涌现出有享受国务院政府特殊津贴专家 3 人、省市政府专项津贴 18 人，教育部高等学校教学指导委员会委员 1 人，中国注册烹饪大师（名师）11 人，湖北省名师工作室 1 个、湖北省职工（劳模）创新工作室 1 个。

（四）育人功能与办学特色并显，抓实校园文化建设

持续加强校园文化统筹谋划。制定校园文化建设规划，把校园文化建设与学院发展定位功能和办学特色结合起来，努力建设思想道德高尚、学术氛围浓厚、文化生活丰富、环境雅致的校园文化。持续丰富特色校园文化内涵。加强校风、校训等办学理念类校园文化宣传教育，打造校园文化特色品牌。先后开

展国学小课思政文化教育活动、“饮食中国”思政实践活动、“致远讲坛”系列讲座，新枫读书节等，打造了多个文化IP，坚持以立德树人为核心，注重文化传承与创新，集聚整合育人资源，创新校园文化载体，构筑文化育人平台，彰显校园特色文化，把学校建设成为锻造理想信念的熔炉、弘扬主流价值的高地、涵育中华文化的家园，为学校建设发展提供强大的精神动力和文化支撑。

（五）严管细管与建好用好并济，抓实阵地建设管理

加强和改进意识形态工作。修订学院贯彻意识形态工作责任制实施细则、考核办法、联系点制度和联席会议制度，落实意识形态工作“三早”要求，严格执行意识形态工作分析研判、专题督查、总结报告、通报等制度，牢牢把握意识形态工作领导权主动权。加强各类宣传文化阵地管理。严格执行哲学社会科学论坛、讲座、报告会、研讨会“一事一报、一会一报”制度，严把授课专家选聘、培训课堂等关键环节。加强对教材、网站、出版物、新媒体、宣传栏以及其他院设研究机构的监督、管理。加强网络阵地建设。加强“三微一端”等自媒体建设和“三审三校”质量管理，网络环境积极健康向上。学院官网完成升级改版。充分利用校外各级各类新闻媒体讲好学院故事。

截至2024年3月，学校有全日制在校生14050人，其中，本科生12754人，专科生1296人。设有13个教学学院，开设有40个本科专业和2个专业方向。现在教职工1104人，其中专任教师704人。学校现有后官湖校区占地1004亩，墨水湖校区占地32亩，正在建设中的马影河新校区占地18.66万平方米。拥有馆藏纸质图书164万册、电子图书65万册。教学科研仪器设备总值1.83亿元。

六十年来，学校全面贯彻党的教育方针，落实立德树人根本任务，植根荆楚文化沃土，汲取武汉人文灵韵，锐意进取、与时偕行，形成了“创新开放 自强不息”的大学精神，积淀了“商道惟诚 知行致远”的校训。学校扎根湖北，立足武汉，服务国家重大战略和区域经济社会发展，培养了近10万名高素质应用型人才。

在新的历史起点上，学校继承弘扬优良传统，聚焦建设一流应用型商科城市大学，深化体制机制改革，加强治理体系建设，着力推进办学理念、人才培养体系、校园治理能力、教育技术四个方面现代化，按照2021年第一次校党代会规划的“强本”“申硕”“更名”的三步走战略，早日实现建成特色鲜明的一流应用型商科城市大学的奋斗目标！

附　录

武汉商学院现任及历任领导

现任党委书记、校长

彭 瑜	校 长	2022年3月—

历任党委书记、校长

靳 雁	党委书记	2014年12月—2017年4月
李作清	党委书记	2017年4月—2019年4月
	校 长	2015年5月—2017年9月
刘志辉	党委书记	2019年7月—2024年2月
王清华	校 长	2017年9月—2021年5月

历任及现任校领导（以到校任职时间为序）

何跃明	党委副书记	2015年1月—2016年5月
张裕平	纪委书记	2015年1月—2015年8月
刘 萌	副校长	2015年1月—2023年9月
	党委委员	2015年1月—
王辉华	副校长	2015年1月—2021年1月
陈功江	副校长	2015年1月—2016年7月
	纪委书记	2021年12月—2023年11月
	监察专员	2022年5月—
张 石	副校长	2015年1月—2023年11月
王京章	校领导	2015年1月—2016年8月
耿 星	副巡视员	2015年1月—2016年3月
孙步月	副校长	2016年7月—

韩民春	副 校 长	2016 年 9 月—2017 年 4 月
刘佳霓	副 校 长	2017 年 8 月—
王丽华	党委副书记、	
	纪委书记	2017 年 12 月—2021 年 12 月
	监察专员	2020 年 8 月—2022 年 5 月
王路群	副 校 长	2019 年 12 月—2022 年 12 月
梅德高	副 校 长	2022 年 4 月—

大事记

武汉商学院重要来访大事记（2013—2023）

2013年

3月8日，湖北省、市老领导赵宝江、谢培栋、殷增涛、李涌泉、肖志刚等来校视察指导工作，充分肯定学院发展速度快、办学有特色，表示大力支持学校提升办学层次。

3月11日，法国巴黎安东尼学校师生一行13人来学院访问交流。

4月2日，全国人大代表、湖北省人大常委会副主任周洪宇教授来学院作了题为《“两会”重建“中国梦”的开启》专题报告，受到热烈欢迎。

5月18日，国家体育总局科教司司长蒋志学来校调研、考察赛马专业建设与发展情况。

6月18日，贵州商业高等专科学校武鸣校长一行来学院考察交流。

6月28日，爱尔兰公共管理学院（IPA）国际部主管Nathy Walsh一行来学院访问。

9月16日，澳大利亚GOTAFE学院国家养马教育中心来学院访问。

10月19日，英国博尔顿大学外事处兼对外交流发展部来学院访问。

12月12日，著名评书表演艺术家、国家一级演员何祚欢做客学院《致远讲坛》。

2014年

3月31日，英国皇家农业大学来校访问。

4 月 11 日，武汉市副市长刘英姿同志来校调研。

4 月 22 日，湖北省教育厅副厅长张金元来校调研。

4 月 24 日，《大武汉》杂志社来校采访“舌尖上的武汉商学院”。

5 月 8 日，美国加州长滩州立大学国际交流与培训部来校访问。

5 月 14 日，湖北省民族宗教事务委员会、武汉市民族宗教事务委员会来校调研。

6 月 10 日，武汉市政协副主席石大鸿一行来校调研素食研究所工作。

10 月 11 日，台湾高雄餐旅大学来校进行访问。

10 月 17 日，武汉市委常委冯记春同志来校调研。

10 月 22 日，湖北省高等学校党建和大学生思想政治教育督导巡视组来校巡视检查。

2015 年

1 月 22 日，英国驻武汉总领事尉渟瀚到访学院。

3 月 13 日，韩国金刚大学人员访问学院。

4 月 14 日，省教育厅厅长刘传铁、副厅长徐雁冰带领省教育厅办公室、发展规划处、高等教育处负责人等一行来学院调研座谈。

5 月 12 日，武汉市委常委、武汉经济技术开发区工委书记朱毅和开发区管委会副主任窦智、李彩云带领区办公室、教育局、规土局、建设局、轨道办等部门负责人来学院调研。

5 月 28 日，湖北省副省长郭生练同志来校调研。

7 月 15 日，武汉市副市长刘英姿同志来校调研。

7 月 20 日，台湾高校武汉参访团来校参观访问。

10 月 22 日，世界著名国际纯血马机构访问我校。

10 月 30 日，武汉市老教授协会人员来校调研。

11 月 23 日，武汉市市长万勇来校调研。

11 月 28 日，武汉市市长万勇来校调研，并召开现场办公会。

12 月 24 日，武汉市委常委冯记春同志来校调研。

2016 年

3 月 15 日，英国剑桥大学人员到访我校。

3 月 21 日，全国人大代表、湖北省人大常委会副主任周洪宇同志应邀来校作报告。

4 月 14 日，英国皇家农业大学人员到访学院。

4 月 15 日，台湾亚洲大学博士生导师来校作专题学术讲座。

4 月 18 日，英国伯恩茅斯市副市长访问学院。

4 月 25 日，英国伯恩茅斯大学人员到校访问交流。

4 月 26 日，台湾外烩职业工会总工会人员来校参观并交流。

10 月 10 日，全国政协民族和宗教委员会副主任杨松同志率省政协研究室、省发展和改革委员会负责同志，来校考察指导。

10 月 18 日，德国埃森经济管理应用科技大学人员来校访问。

10 月 23 日，法国驻华大使馆农业事务副参赞夏廷携法国赛马界代表团来校访问。

11 月 4 日，法国苏玳和勒芒市政府代表团访问学院。

11 月 11 日，湖北省政协教科文卫体委员会人员来校考察调研。

2017 年

1 月 10 日，武汉经济技术开发区工委书记、汉南区委书记，武汉经济技术开发区管委会主任、区长来校调研。

3 月 20 日，荷兰海尔德兰省政府代表团来校访问。

6 月 1 日，武汉市文化局局长何伟前往校史馆参观指导。

6 月 7 日，政协武汉市第十三届委员会副主席、九三学社武汉市主委梁鸣，副主委付文芳，市委秘书长、组织部部长陈胜利一行到我校调研。

6 月 13 日，赞比亚爱国阵线总书记访问学院。

7 月 6 日，英国皇室安妮公主访问学院，出席中英马术运动发展战略合作签约仪式。

7 月 6 日，武汉市市长万勇来校并参观校史馆。

7 月 18 日，武汉市委常委、市委宣传部部长、市委教育工委第一书记李述永来校，调研学院思想政治工作。

10 月 24 日，德国前联邦议员、杜伊斯堡市中国事务专员和杜伊斯堡—埃森大学、鲁尔都市孔子学院人员访问学院。

2018 年

3 月 18 日，加拿大麦科文大学代表团人员来校访问。

4 月 18 日，马来西亚成功礼待大学人员来访学院。

4 月 18 日，法国埃科菲国际厨皇名厨协会中国区副主席、CFA LA NOUE 学校率法国勃艮第烹饪与酒店教育代表团访问学院。

6 月 6 日，第七届世界军人运动会执委会人员来学院调研军运会场馆、设施建设情况。

6 月 10 日，武汉市委副书记、代市长周先旺一行来访学院。

6 月 13 日，德国汉堡科技应用大学人员到访学院。

6 月 22 日，市委教育工委书记来校考察调研。

7 月 30 日，湖北省委副书记、武汉市委书记马国强来校考察军运会场馆建设情况。

8 月 14 日，台北商业大学人员来校交流。

9 月 25 日，德国名校大学生访学团访问学院。

10 月 18 日，国际军事体育理事会主席赫尔维·皮奇里洛（法）一行访问学院。

10 月 23 日，埃森经济管理应用科技大学人员来校开展学术讲座。

11 月 17 日，德国杜伊斯堡市副市长来校参观访问。

12 月 18 日，泰国格乐大学来校访问。

2019 年

1 月 10 日，武汉市警备区副司令员、武汉市征兵办主任刘志海一行来校调研 2019 年学校大学毕业生征兵宣传工作。

3 月 15 日，德国杜伊斯堡—埃森大学·鲁尔都市孔子学院、武汉大学人员来校访问。

4 月 3 日，重庆工程学院副校长蒋国华一行 4 人来校做调研工作交流。

4 月 18 日，瑞士恺撒里兹酒店管理大学人员来校访问交流。

4 月 21 日，新疆维吾尔自治区政协副主席一行来校调研。

5月24日，武汉市教育局组织部部长来校实地考察。

5月29日，武汉市政协常委、副秘书长、九三学社武汉市委专职副主委付文芳率课题组一行来校进行专题调研座谈。

6月6日，湖北大学人员到访学院。

6月11日，泰国艺术大学人员来访学院。

7月2日，武汉市委常委、宣传部部长张世华一行来校调研校园意识形态安全工作。

8月29日，泰王国驻华大使来校参观访问。

10月31日，德国北黑森应用科技大学人员应邀请来校访问。

12月12日，波兰库亚瓦滨海省政府顾问、雅盖隆学院校长，托伦市副市长，雅盖隆学院人员来校交流访问。

12月18日，泰国格乐大来校访问。

2020年

2月15日，德国埃森经济管理应用技术大学（FOM大学）向学院捐赠防护物资，并发来诚挚慰问。

6月23日，学院与英国博尔顿大学进行国际视频连线，举行研讨会。

11月25日，太原学院人员来校旅游管理学院进行交流学习。

2021年

3月31日，湖北省标准化与质量研究院党委副书记、副院长吴斌带领湖北省标准化与质量研究院标准文献馆主任徐术坤、副主任韩阳昱等一行来校调研。

5月7日，三江学院人员来校调研交流。

5月9日，潍坊科技学院人员来校调研交流。

5月13日，法国保罗博古斯学院中国事务主管来校交流访问。

5月20日，武汉经济技术开发区（汉南区）人力资源局人员到访学院。

5月21日，郑州商学院人员来校调研交流。

6月16日，湖北省社科联党组书记、常务副主席喻立平，湖北省社科联办公室主任杜万忠，湖北省社科联学术部主任陈芳，武汉市委宣传部副部长、武汉市社科联主席吴天勇，武汉市社科联副主席、秘书长付永祥等一行莅临学院调研人文社科发展情况。

10月19日，湖北第二师范学院教育科学学院与国际交流合作处负责人一行来我校交流。

10月20日，武汉商贸职业学院人员来校交流党建工作。

2022年

4月11日，民盟、民建、民进、九三学社、知联会负责人及无党派人士代表到访学院。

4月19日，武汉经济技术开发区人力资源局人员来校推进政校合作。

5月20日，武汉市委老干部局副局长辜喜率市委老干部局有关同志莅临学院，召开专题座谈会。

10月11日，文华学院人员来校交流调研。

10月11日，盒马（中国）有限公司和武汉盒马网络科技有限公司人员来校交流洽谈。

2023年

2月27日，荷兰中华马学院院长、华人马术先驱者一行来访学院。

3月1日，汉江师范学院人员来校访问交流。

3月2日，湖北轻工职业技术学院人员来校进行交流。

3月6日，新疆理工学院人员来校访问交流。

3月8日，湖北省教育厅副厅长黎虹一行来校调研人才培养工作。

3月15日，太原学院人员来访交流。

3月27日，商丘师范学院人员来校调研交流。

4月3日，韩国全北国立大学农业生命科学学院人员来校访问交流。

5月12日，北京联合大学人员来学院交流。

5月29日，湖北省委常委、武汉市委书记郭元强来校调研，并指导开展主题教育。

8月2日，武汉市委副书记、市长程用文来校调研就业工作。

9月2日，德国北黑森应用技术大学人员来访学院。

9月13日，英国林肯大学（University of Lincoln）人员来访学院。

10月22日，德国埃森经济管理应用科技大学人员来校访问交流。

11月30日，九三学社湖北省委副主委、武汉市政协副主席梁鸣带队来校调研。

12月13日，武汉市委常委、统战部部长胡勇政，武汉市委统战部副部长何文娟一行来校调研。

12月25日，武汉商贸职业学院人员来校调研交流。